Late Antiquity: A Very Short Introduction

古代末期のローマ帝国

多文化の織りなす世界

Gillian Clark
ジリアン・クラーク
足立広明［訳］

白水社

古代末期のローマ帝国——多文化の織りなす世界

古代末期のローマ帝国——多文化の織りなす世界　目次

ァンダル人
フン人
ゴート人
ミウム
ドナウ川
バルカン
アドリアノープル
コンスタンティノープル
ゴート人
コーカサス山脈
ローマ帝国東方
ティグリス川
ギリシア
小アジア
エフェソス
ペルシア
アンティオキア
ユーフラテス川
シリア
レヴァント
アレクサンドリア
エジプト
ナイル川

紀元後400年ごろのローマ世界

引用文中の［　］は著者による補足を、本文中の〔　〕は訳者による注を表す。

日本語版への序文

日本の読者が「古代末期」と呼ばれる時代のローマ帝国の文化に関心を寄せていると知るのは、大きな喜びです。この歴史上の時期区分に先立つ「古典古代」には、ローマ帝国は最大版図に達し、北はブリテン島から南はスーダンまで、西はスペインから東はユーフラテス川まで広がっていました。それから五百年ほどたった「中世」の始まりには、ローマ帝国は西ヨーロッパにおいて、ヨーロッパ外からやってきた支配者を頂く諸王国に道を譲っていました。東地中海では、ローマ帝国はビザンツ帝国として存続していましたが、その領土も多くは、イスラームによって鼓舞されたアラブ人支配者の手に落ちていました。古代末期にはローマ帝国はキリスト教化し、そしてキリスト教の布教によって、古典語と古典文化の、中世世界への拡大がうながされたのです。

古代末期とはローマ世界にとって、災厄の時代だったのか変容の時代だったのか、あるいは変化の時代、それとも連続の時代だったのか、歴史家は今問うているところです。

二〇一三年五月十五日

ジリアン・クラーク

第1章　古代末期とは何か、またそれはいつを指すか

古代末期とは、ローマの没落と存続の双方を経験した時代である。すなわち、一方では中世ヨーロッパがポスト・ローマ期の「蛮族」諸王国から形成され、他方ではビザンツが大規模な領土喪失に耐えて、新しい敵や同盟者に適応していく時代だったのである。また、古代末期は、キリスト教とイスラームという新しい二つの宗教が台頭し、ローマ支配下の領域に衝撃を与えた時代でもあった。ローマ法やユダヤ教のタルムードが編纂され、キリスト教の信条が定められ、ユダヤ・キリスト教の聖書正典が確立し、クルアーンが編集されたのも、この古代末期という時代であった。しかし、新しく台頭した人々は、古典文学や哲学、美術や建築といった古代の伝統とともにその仕事を進めた。キリスト教の写字生や、シリア語やアラビア語への翻訳者たちも、こうした古典古代の遺産を中世やルネサンスにまで伝える助けとなった。

五十年前には、「古代末期」という用語はごく稀に、移行期を表す名称のひとつとして使用

されるのみであった。それは四世紀初頭に最初のキリスト教皇帝コンスタンティヌスとともに始まり、西方では五世紀末、中東では七世紀末のローマ帝国支配の終焉とともに終わった。この時代は古典学者には「末期ローマ」、ビザンツ学者には「初期ビザンツ」、中世史学者には「初期中世」として認識されていた。ところが、この五十年間に研究が進んで、古代末期の境界は時間的にも空間的にも拡大し、少なくとも三世紀から八世紀まで含むようになった。そして、非ローマ的な諸文化に対するローマ的な視点に疑問を投げかけ、異教に対するキリスト教の勝利であるとか、ローマ帝国の栄光から暗黒時代に没落したといった「大きな物語《グランド・ナラティヴ》」を受け入れることを拒否するようになってきた。多くの専門研究分野、すなわち西洋古典学や中世研究、考古学、言語学、文学、神学、美術がここで出会う。それらすべての研究が、何を、なぜ行なうのかを相互に反映しあい、またインターネット時代のおかげですべてが相互に連絡を取り合うようになっている。

では、古代末期とは何だろう。もし、それが常に「初期」か「末期」の何かだとしたら、何がその古代末期という時代を人間の歴史で特別な時代としているのだろうか。境界線を定義するよりも、差異を見たほうがわかりやすい。まずは例をひとつ取り上げてみよう。

実際、キリストのゆえに蛮族から生命を助けてもらったローマ人でさえ、キリストの名に対して敵意を抱いているではないか。このことを証明しているのは、都が劫掠されたとき避難してきた人々を、キリスト教徒であれ、そうでない人々であれ、いずれをも受け入れた、殉教者をまつる聖域と使徒たちの会堂である。〔アウグスティヌス『神の国』第一巻一章〕

これは、ヒッポの司教アウグスティヌスが大著『神の国』に記した五世紀初頭のローマ市の様子である。四百年前の古典期ローマとは著しく異なっているように見える。紀元後四一〇年、ゴート人が都市ローマを略奪した。前三九〇年のガリア人による略奪以来八百年間、絶えてなかった出来事であった（もちろん、アウグスティヌスが言うように、内戦でローマ人自身がローマを攻略した事例を考慮に入れなければの話だが）。ゴート人はキリスト教の諸教会とキリスト教の殉教者を記念する聖堂に敬意を払っていた。こうした殉教者たちは、ローマ当局者の命令で処刑されたのである。イエス・キリストの十字架刑から三百年このかた、彼に従う者は、ローマの神々への崇敬を拒否すれば拷問による死の危険を覚悟しなければならなかった。しかし、四一〇年のローマでは、ローマの神々の神殿は建築遺産として残るのみとなり、神殿で神々に犠牲を捧げたり儀式を行なったりすることは、キリスト教皇帝の法令で禁じられていた。

ゴート人から逃れてきた避難者のなかにはこう主張する者もいた。蛮族が都市ローマを略奪できるようになったのは、「キリスト教徒の時代」になってからであり、永遠のローマを守ってきた神々が、キリスト教徒たちに無視されたことでお怒りになったせいだ。この主張にアウグスティヌスは反論した。彼は当時、北アフリカ沿岸部の小さな町の司教だった。司教になる前には北アフリカのもっと小さな町にいたが、自身の才覚に加え、家族の資産、後援者やつてを頼ってそこから抜け出した。彼ははじめは属州首都カルタゴで、ついでローマ、そして皇帝の宮廷が置かれる都市のひとつミラノで、修辞学や公共の場での演説技法である弁論術を教えて生計を立てていた。しかし、彼はその職も結婚の可能性も捨てた。というのも、祈りと聖書研究のなかに真のキリスト教徒の生活を見出したからである。その生活に専念するためにアウグスティヌスは、まず家産を共にする修道生活から始め、のちに聖職者や司教となって教区民を教え司牧した。彼はたくさんの著作を書いて、目録化した。それらの著作が残ったおかげで、彼は西方教会で最も影響力ある者のひとりとなったのである。

これが古代末期の世界である。新しい民族集団がローマ帝国の住民と融合あるいは争い、ローマの皇帝権力は脅威にさらされることになった。新しい宗教運動は伝統的な宗教と相互に影響しあい、また競合した。そして、キリスト教の教会指導者が共同体で新しい役割を担った。神に献身する新しい生活観が、家族や都市、地域に奉仕する古い理想に挑戦した。権力が新たな場所に所在を移した結果、四一〇年にはローマ皇帝のひとりはラウェンナにいて、都市ローマを蛮族の略奪から救う手立てを何もとらず、コンスタンティノープルにいた共治帝のほうは、この間の情勢で影響を受けなかった。古代末期には軍事や民政で、演説や教会奉仕で、才能ある者に新たな機会の門戸が開かれたが、古い家系や古い貨幣、それに伝統的な教育や価値観も依然として威信を保ち続けていた。二十世紀末から二十一世紀初頭のヨーロッパや北米の研究者が古代末期に魅了されてきたのも、無理からぬ話だったのである。

それでは、古代末期の「末期」とは何なのだろうか。「古代」というのは、「古い時代」というぐらいの意味で、しばしば、「古典古代」すなわち、ギリシアとローマが文化の標準であった数百年間を意味する。「古典《クラシック》」とは、ローマの社会システムの「第一位」を意味するラテン語の「クラシクス」に由来している。古典文化は文化の源泉にとどまったが、古代末期には古典世界は変化することになる。三世紀まで、ローマ帝国は依然ブリテン島からエティオピアまで、スペインからユーフラテス河畔まで広がっていた。しかし、都市ローマはもはやその中心ではなく、ローマ帝国ももはやローマの元老院と民衆によって統治されるものではなかった。紀元前一世紀末、アウグストゥスは、事実上最初のローマ皇帝として自らを確立した際、同僚を伴うコンスルに就任するなど、慎重にローマの伝統的なスタイルを保って政権を運営した。彼は何事も元老院に諮《はか》る姿勢を見せたが、それは元老院が経験豊富な政治家たちから成る諮問機関だったからで、構成員の大半は富裕で影響力のある家系の出身者であった。アウグストゥスは重要な地位を元老院議員たちに与え、軍事作戦に出ないときはローマに居住した。「プリンケプス」すなわち「市民の第一人者」と呼ばれることを好み、「ドミヌス」つまり「主」と呼ばれることを拒否した。これは奴隷が主人に向けて使う言葉だったからである。

幾人かの歴史家は、「元首政」〔プリンキパトゥス＝プリンケプスの統治する体制〕が「専制君主政」

〔ドミナトゥス＝ドミヌスの統治する体制〕に道を譲ったときに古代末期は始まると考えている。このとき、皇帝が主人として、あるいは「主」にして「神」とさえ広く認められ、たとえ低いにしても自由身分で生まれたローマ市民が、それまで奴隷に限定されていた体刑を適用されるようになったのである。このような変化は遅くとも紀元後二世紀には生じていた。古代末期には、皇帝がローマを訪問しなくとも物事は進められるようになった。皇帝の決定が即座に法的効力を持ったからだ。皇帝の決定事項はローマで元老院と民衆によって認められる必要はなくなった。彼らの政治的支持はもはや不要となったのである。いくつかの重要な地位は依然としてとして都市ローマのエリート構成員に委ねられたが、皇帝の権力はあからさまに兵士に依存するものとなり、また第二の軍隊である民事行政官たち（ミリティア・キウィリス）も、兵士と同じように、軍隊の階級を表すベルトを着用した。肥大する官僚制——あるいは、見方によってはより効率的な行政と言ってもよいが——が古代末期のもうひとつの特徴である。

紀元後一世紀末以降、都市ローマは行政の中心としての重要性を失った。皇帝はローマ以外のどこからでも立てることができ、しばしば長期にわたってローマを離れた。都市ローマはイタリア半島の真ん中を過ぎたあたりの、洪水をよく起こす川のほとりに位置し、港からは遠いうえにその港も嵐や沈泥に弱かった。このため、イタリア外の戦いには効率のよい軍事基地ではなかったのである。そこで、皇帝たちは宮廷と軍隊をさしせまった脅威に対応できる地域に移したり、立地条件のよい都市に一時滞在するなどした。たとえば、シリアのアンティオキア

1　ローマの強敵。捕虜となったウァレリアヌス帝がササン朝ペルシアの王シャープール一世の前でひざまずいている。三世紀末。

やボスフォロス海峡のコンスタンティノープル、ドナウ川沿いのシルミウムであり、イタリアでは北部平原のラウェンナやミラノ、ライン川沿いのトリアである。これらの都市のロケーションからわかるように、おもな軍事的脅威は東と北からやってきた。東方には、ユーフラテス川の対岸に常に強大な勢力があり、あるときは恐るべき王朝に統一され、あるときは反乱や内部抗争で分裂していた。三世紀から七世紀にかけては、ペルシア人の反乱のひとつから始まったササン朝が今日のイラン、イラク、アフガニスタン、ペルシア湾、それにカフカス地方にまで広がる帝国を支配していた。このペルシア帝国は共通言語と通貨、行政組織、それに公式宗教によって統合されるようになった。彼らの公式宗教はその宗祖ゾロアスターにちなみゾロアスター教、またアフラ・マツダ神にちなんでマツダ教とも呼ばれる。ローマ帝国はペルシアとの共存を受け入れるときもあったが、支配王朝への反乱者と同盟して、先制攻撃や征服戦争にうって出ることもあった。しかし、ペルシア皇帝がローマ領を侵略し、ローマ軍を破ることもあったのである。

北からの脅威は競合する帝国によるものではなく、ローマ領に押し入ってくる戦士集団の諸民族であった。ローマ人は彼らを蛮族と呼び、常に変化する集団をなんとか識別しようと、ゴート人とかヴァンダル人、あるいはフン人とかアヴァール人、スラヴ人などと呼んだ。皇帝たちは戦闘や買収で蛮族を追い払おうとするときもあったが、ローマ軍に合流し、ローマ領に定住するよう奨励することもあった。東と北からの脅威は帝国の誕生以来存在したが、古代末期にはその脅威はより強いものとなった。五世紀には、ローマ支配は西欧では、今日のフランス、スペイン、イタリア、北アフリカにそれぞれ建国された蛮族諸王国に道を譲ることになった。これらの地域では、ローマと蛮族の文化伝統、そしてキリスト教の異なった解釈が政治的、民族的な絆を示す指標となった。

七世紀になると、東方の砂漠でアラブ人が一体化し、中東におけるローマとペルシア支配は、いずれもイスラームの到来の前に後退していくことになった。地中海はもはや、ローマ人の支配下に統合された「我らの海」ではなくなった。地中海の南と東の沿岸地帯は、最初はダマスコスから、ついで新たにアラブの首都となったバグダッドから支配されることになった。北岸地帯は蛮族諸国家によって分割されていた。これに対して、ビザンツはギリシアとバルカンでローマ領を守り続け、東と北からの攻撃に備えていた。

はたして衰亡したのか

ローマは帝国衰亡の顕著な事例であり、エドワード・ギボンの傑作『ローマ帝国衰亡史』（一七七六―八八）によってこの「衰亡」という概念はおなじみのものとなった。歴史家は今、それが正しいのかどうか問うているところである。ローマは衰退したのか、それとも生き残ったのか。ギボンはその著書を三つの部分から構成している。まずは二世紀初頭、都市ローマに拠点を置く時代のトラヤヌス帝から始め、五世紀末の西帝国崩壊にいたる時代である。次にコンスタンティノープルに拠点を置く六世紀の皇帝ユスティニアヌスから、フランク王にして新しいローマ皇帝であるシャルルマーニュ（カール大帝）が九世紀に西帝国旧領のほとんどを統一した時代がくる。そして、最後は九世紀からビザンツの終末に至る時代で、一四五三年にトルコ人がコンスタンティノープルを占領したところで終わる。

西方では、五世紀末以来ヨーロッパは非ローマ人の王によって支配されていた。しかし、ローマ文化は法と文学、哲学と神学、それに教会の諸伝統の中に生き残っていた。フランク語でもヴァンダル語でもゴート語でもなく、ラテン語がロマンス語すなわちローマ人の言語を意味する、ヨーロッパの諸言語の基礎となった。東方では、領土は大幅に縮小したものの、ギリシア語話者によるローマ帝国が数世紀にわたって続いた。その帝国はビザンツと呼ばれているが、この名称は十六世紀の学者ヒエロニムス・ヴォルフによる。当の帝国の住民は自らをローマ人と呼んでいたし、イスラームの歴史家にはルームと呼ばれていた。「ローマ」というのは都市の名であると同時に帝国の名でもある。今日帝国の名前に用いられる「ビュザンティオン」というのはギリシアの町の名で、コンスタンティヌス帝が四世紀初めにその町を「コンスタンティヌスの都市」、新しいローマ＝コンスタンティノープルとして作り変えたのである。現在ではこの街はイスタンブルと呼ばれるが、その呼称のなかに「エイス・テーン・ポリン」、すなわちギリシア語で「その都市〔コンスタンティノープル〕へ」という響きを聞きとろうとする人もいる。ローマの行政システムはトルコ支配の下でも存続した。だから、ローマ文化は西方における帝国権力の崩壊を生き延び、東方では文化と帝国権力の両方が生き残ったとみる場合がある。

ローマは崩壊したのか、それとも崩壊させられたのか。ギボンは、ローマ帝国は二世紀半ばに文明の頂点に達し、衰退の主因はローマ文化に対する「野蛮と宗教」の影響であった、と考えた。彼の見方によれば蛮族は無教育で、宗教は不寛容であり、キリスト教は修道士や修道女になるような怠惰で非生産的な人々に価値を与えてしまった。「それは一七六四年十月十五日のローマでの出来事だった。私がカピトルの廃墟のただ中に座り、物思いにふけっていると、裸足の托鉢修道士たちの夕禱の歌声がユピテル神殿の中から響いてきた。このとき、私の心にこの都市の衰亡の歴史を書こうという考えが初めて芽生えたのである。」しかし、このときフランシスコ会の托鉢修道士たちは、自発的貧困の行を行ない、貧者に施しをしようとしていただけで、ローマ皇帝がカピトリヌスの丘にのぼっていた時代からの衰亡を表現していたわけではない。往時、この丘にはローマ権力の象徴である諸神殿が立ち並び、なかでもユピテル・オプティムス・マクシムス〔最善にして最も偉大なユピテル〕に血の犠牲を捧げようと、皇帝はこの丘をのぼっていた。歴史家のなかには、蛮族の活力とキリスト教の関与はローマの力を弱めるどころか、むしろ古典遺産を変容させ、蛮族やキリスト教自体も古典文化によって変容させられたのだと訴えてきた者もいる。別の学者は、蛮族に対するローマ人の定義やキリスト教徒に対する異教徒の定義が難しいことを指摘してきた。なぜなら、ローマ人と蛮族、異教徒とキリスト教徒は、それぞれ自身のなかでさまざまに差異を抱えているからである。加えて、多くの人々が、法的にローマ人だが文化的にはギリシア人だったり、宗教的にはキリスト教徒だが祖先は蛮族や混血であるといったように、ハイブリッドな文明のなかに生きていたからでもある。

しかしことによると、文化や思想形態についての定義や懸念はどれも、大半の人々の経験を決定する要因からは外れているのかもしれない。たぶんローマは西方でも東方でも、外敵に対する戦争に回すべき兵力を内戦によって奪われ、限界点を超えてしまったのだろう。そして、あまりにも多くの戦いでローマ軍が敗れたので、ローマ支配は終わった。戦争は人間と農作物を食いつくし、軍隊を維持する税収基盤を荒廃させ、貿易を妨げ、金は死蔵されて流通しなくなった。辺境地域や放棄された土地を耕作地に変える労働力も技術もなかった。食糧危機と疫病は現代と同様、相関関係にあった。軍隊は食料を必要としたし、兵士は密集して未知の土地へのりこんでいくので、疫病にかかりやすかった。飢餓すれすれで生きている一般民衆も疫病に弱かった。新しい技術を用いた人骨分析によれば、栄養失調は風土病のようにつきまとっていた。貧者は常に富者に対して弱い立場にあった。富者は土地を持ち、値段をつり上げて食糧を買い占めたり、単純にそのまま奪ったりしたからである。そして、食糧を輸入すれば、いっしょに疫病もやってきた。

　キリスト教の説教者が言うように、建前としては富者は貧者を施しによって助けることができたはずだった。しかし、人間の善意や能力ではどうにもならない問題もいくつかあった。古代末期に生きた歴史家たちは、厳しい寒さや日照不足の年、津波、地震、疫病について書いている。十二世紀のある年代記によると、五三六年に「一年半の間太陽が暗かった。一日に四時間しか日が照らず、照ったとしても光は弱かった。果物は熟さず、ワインは酸っぱいブドウの味がした」という。当時の歴史家は効果をねらって書くものだったので、災害が続くのも彼らの十八番《おはこ》だったが、古代末期には彼らはそう書く必要があったのかもしれない。木の年輪や氷河の核など、証拠がだんだん増えてきたことで、五三五年ごろに環境の激変があったらしいことが明らかになってきた。この年に地球規模で気温が下がり、降雨パターンが変化したのである。原因は彗星か隕石の衝突、ないしは一八八三年のクラカトア島の噴火を上まわる火山噴火が東南アジアのどこかで起こったのかもしれない。冷たく湿った、太陽のない季節が続いて農作物は不作となり、ステップ地域やアラビアで、通常の供給源を失った遊牧民の人口移動を引き起こした。五四二年に腺ペストがコンスタンティノープルに到着したのは、おそらく貿易船のネズミが運んできたのだろう。大規模な戦争と並んで、この腺ペストが人口の重大な減少の原因となった。そして、ペストはその後二世紀の間、何度も再発した。

記述史料や絵画といったハイ・カルチャーではなく、西ヨーロッパの考古学上の資料を見ると、ローマ諸都市は急速に城塞化され、都市建造物や水道橋は維持されず、大きな公共の広場には間に合わせの家が建てられ、大邸宅はアパートメントや作業場に分割されたことがわかる。陶器のスタイルは粗雑になり、食糧は限られてしまった。人々は土地の産物だけでまかなわざるを得なくなったためである。しかし、衰亡の証拠はどこでも同時に見られるわけでない。繁栄した都市も拡大した村落も存在した。また、東地中海の状況は西方とは異なっていた。すべては、何を、どこに、いつ求めるかによるのである。

誰がどこに属するか

研究の進展で古代末期の境界は毎年のように拡大している。旅行、戦争、交易は、ローマ帝国が統治したことのなかった諸地域を結びつけた。このような地域では、たとえ完璧に習得されたとしても、ラテン語やギリシア語は第二、第三言語だった。こうした文献史料や美術品はローマ人の著作家による地中海的な視点に異議を唱える。さまざまな思想が、ドナウ川に沿った琥《こ》珀《はく》貿易や中央アジアを横切る絹貿易とともに旅し、修道士は蚕《かいこ》をこっそり盗み出して中国からコンスタンティノープルへ運んだ。プラトン主義哲学者は中東を訪れ、ユダヤ教徒やキリスト教徒はペルシアにさまざまな学校を設け、三世紀のメソポタミアでマニによって説かれた宗教は、西方にはキリスト教と、東方には仏教と結びついた形態で広まっていった。

時間軸では境界はさらに流動的である。考え方によっては、古代末期はマルクス・アウレリウス帝の登位した二世紀半ばに始まる。この哲学者皇帝は、北方蛮族に対する作戦中、ドナウ川沿いの陣営の天幕の中で「自己への注記」、すなわち『自省録』を著した。しかし、三世紀の初頭、軍人皇帝セプティミウス・セウェルスが没し、内乱の数十年が続く時をもって始まるという別の考え方もある。あるいは、帝国を再建したディオクレティアヌスの登場する三世紀末か、キリスト教徒であることを最初に公言した皇帝、コンスタンティヌスの治世が始まる四世紀初頭にその始まりを求めることもできる。終わりのほうは八〇〇年ごろでよいかもしれない。このころから新しい史料が利用可能となるからである。すなわち、西方ではラテン文学や学芸を奨励したカロリング朝に、東方ではバグダッドに拠点を置きアラビア語文学を奨めた、アッバース朝カリフに由来する史料が得られる。しかし、八〇〇年はビザンツ史ではとくに重要な分岐点ではない。どの文脈でも、ある歴史家が分水嶺なり断絶なりを発見すれば、別の歴史家がそこを越えて流れる水脈と、連続性の証拠を見出すのである。

過去の諸社会の何を評価するか、人間の生活において何を最も重要で興味深いものとみるかは、歴史家によってさまざまである。食料と安全という基本的なニーズなのか、政治社会組織なのか、軍事や技術面の発達なのか、人間性と神々についての信念なのか、それとも文化と創造性なのか。古代末期研究はこれらすべてに強い関心を示しており、とりわけ善にも悪にもなる力としての宗教に注目している。アウグスティヌスは『神の国』の中で、人間の歴史についての自らの見方を提示した。彼は根本的な問題を見出していた。善に作られたが人間の罪によって歪められた世界において、人々は自分勝手に支配しようとする。ラテン語のインペリウムとは秩序をもたらす力を意味し、帝国《エンパイア》は大規模な支配であった。正義なくしては帝国はギャングであり、略奪品分配のために指導者と法に従うことで保たれていたに過ぎなかった。しかし、帝国にも使い道がある。というのも、社会秩序、ときとして権力は、不完全な人間の平和を維持するために必要だからだ。しかし、特別な地位を有する帝国は存在せず、誰が帝国を担い、どんな習慣や言語が用いられているかは大した問題ではない。ローマの文化の中で英雄とされる人々は、帝国と栄光を望むがゆえに公衆の利益を自分たちの利益に優先させ、彼らは望むものを得たのだ。

彼らはほとんどすべての国民の間でうやまわれ、多くの国民に自分たちの帝国の法律を課し、今日もほとんどすべての国民の中でその文学と歴史書によって讃美されている。彼らには、至高にして真実な神の正義に対して不平を言う筋合いはないのである。「彼らはその報いを受けてしまっている」。〔『神の国』第五巻一五章〕

アウグストゥスの時代にウェルギリウスは『アエネーイス』を書いた。この叙事詩の中で、アエネアスの父アンキセスは、ローマの使命は「諸民族を束ね、臣民を寛大に扱い、傲慢を抑える」ことであり、ユピテルはローマに「終わることのない帝国」を与えたと宣言した。古代末期になっても、学校の生徒はウェルギリウスをまだ読んでいた。しかし、アウグスティヌスは終わりのない帝国に対するこれらの主張を疑問視した。

アウグスティヌスは四三〇年に没したが、このとき彼の住む町は、ヒスパニアを縦断してやってきたヴァンダル人の攻囲下にあった。当時の歴史家たちは、ヴァンダル人がきわめて残酷で、とりわけキリスト教聖職者に対して、その神学が彼らのものと異なるために残酷であったと記している。しかし、これらの「蛮族」は北アフリカに、ユスティニアヌス帝がコンスタンティノープルから討伐軍を差し向けるまで、百年以上続く王国を建設したのである。「ヴァンダル」という言葉は、現代では文化破壊者を意味するが、ユスティニアヌスの戦争について書いたプロコピオスによれば、ヴァンダル人は自らが征服した豊かな地域のローマの贅沢な生活が気に入って、浴場を利用し、絹をまとい、庭園を造り、豪勢な食事をとり、踊り子や戦車競走を楽しんだ。ヴァンダル人はカルタゴ市を維持し、教会を建設し、ラテン語の詩を依頼した。彼らの行政言語はラテン語であり、彼らのアフリカ・ラテン語は七世紀にアラブ人が西方に侵入してきた際に、ヒスパニアに戻ったのかもしれない。彼らは自身も現地の「蛮族《バルバリ》」の問題を抱えており、この「蛮族」がのちにベルベル人として知られる人々になるのである。プロコピオスは最後のヴァンダル王ゲリメルについて、ひとつの挿話を伝えている。ゲリメルはアトラス山中でユスティニアヌスの軍勢に攻囲されていた。彼は名誉ある降伏を提案されたが、それよりむしろ一切れのパンと海綿、それに竪琴を求めた。パンはこの数か月というもの口にしておらず、海綿ははれ上がった目を冷やすため、竪琴は彼が熟練した楽器で、自らの不運を歌う自作の頌歌を演奏したいと望んだのである。降伏してローマの指揮官と会ったとき、彼はこらえきれずに笑い出してしまった。この挿話は、彼が取り乱したと言いたいのではない。運命の転変に対する、これが唯一可能な返答だったのである。ゲリメルはコンスタンティノープルに連行され、鎖に繋がれて、ユスティニアヌスにヴァンダル王国の戦利品を差し出す凱旋式で歩くことになった。ゲリメルは涙をみせず、代わりに旧約聖書の一節を繰り返したのだった。「なんという空しさ、すべては空しい」（「伝道の書」もしくは「コヘレトの言葉」第一章一節）。それはこう続く――「太陽の下、人は労苦するが、すべての労苦も何になろう」。

古代末期という時代は、さまざまな価値の衝突と、水や食料などの生活物資をめぐる争いを経験したが、共通の土台が認識されてもいた。危機のさなかに死んだアウグスティヌスは、平和と一体性をもたらす力としてのローマ帝国の重要性を認識していた。しかし、彼の言うローマとはローマ人であって、建物や城壁、一時的な支配者ではなかった。帝国は来ては去るものであり、支配者は善にも悪にもなる。しかし、二つの都市は持続する。この二つの都市は目で見ることはできない。なぜなら、それらの都市の市民権は人が何を愛するかによるもので、生まれや政治的忠誠、それに教会も含めた制度に存するのではないからである。ひとつはこの世の都市であり、すべての人がその欲するところを為す共同体である。もうひとつはすべての人が神の欲するところを為す共同体であり、これが神の都市〔神の国〕である。誰がどちらに属しているのか。それはこの世の終わりになるまでわからないだろう。

第2章　帝国の経営

平和と秩序はローマ政府の基本的な義務であり、そのおかげで人々は侵略や内戦、犯罪で生活を乱されることなく継続できたのである。古代末期はしばしばディオクレティアヌス帝（位二八四－三〇五年）とともに始まるとされる。彼は皇帝が目まぐるしく交替する混乱の時代ののち、力ずくで平和と秩序を取り戻した。ディオクレティアヌスは政敵から両親が奴隷であったと言われている。軍隊によって彼は権力に到達した。まずは兵士として成功したのち、軍事反乱を指揮し、内戦の勝利者となったのである。彼が皇帝として宮廷でうやうやしい儀式に取り巻かれていた理由は、これで説明がつくかもしれない。彼はローマで過ごすことがほとんどなかった。その軍は職業兵士によって指揮され、顧問機関もローマの名門家系出身の元老院議員ではなく、軍隊風の「ミリティア」（奉仕）という呼称を持つ民事担当の高級官僚で占められた。皇帝の臨席する会議はコンシストリウムと呼ばれ、これは字義どおり「立ったまま」での会議だった。というのも、皇帝の面前で座るのは不適切とされたからである。ディオクレティアヌスは兵士の数を大幅に増やし、その報酬が必要なことも認識していた。選択肢を限られた経営者がみなやるように収入と支出を見直し、双方のバランスをとるよう務めた。また、すべての経営者と同じく、いくつかの問題が慢性化しているのを発見した。現金はあまりに少なく、蛮族はあまりに多く、かといって生産性を向上させる手軽な手段は存続しなかったのである。

ローマ帝国は非常に大きかったので、コミュニケーションはゆっくりだった。公的な仕事で旅する人々は、主要街道沿いの宿場で地元の役人が馬の交換をしてくれる、「公共交通」システムを使う許可を得ることができた。このおかげで旅行は速められたが、冬場は嵐で航海が危険となり、道が雪やぬかるみ、洪水で閉ざされるので、あまり助けにはならなかった。ディオクレティアヌスは、行政地区を再編することで効率をよくしようとした。教会の伝統には、この行政組織のギリシア語の名称「管区《ディオイケーシス》」〔diocese ＝教区の語源〕や、地方の上級官僚である「管区代官《ウィカリウス》」〔vicar ＝教区司祭の語源〕というラテン語が残っている。分割された行政区には、軍事指揮官（指導者を意味するドゥークス。英語で公爵、小君主を表すデュークの語源）と民政長官（皇帝の伴侶を意味するコメス。英語で伯爵を表すカウントの語源）がひとりずついた。軍を民事行政の法と財政から分けたことで、どちらの業務も運営しやすくなった。分割したことで、ある指揮官、もしくはその軍隊か管轄地区住民のいずれかが、皇帝より指揮官のほうが

2　皇帝とその官僚、臣民。コンスタンティヌスの凱旋門、ローマ。

よい仕事ができると決意したとしても、反乱の危険性を減らすことになった。ディオクレティアヌス自身、成功した反乱者だったが、テトラルキア（「四分統治」あるいは「四帝統治」）体制によって状況を安定させようとした。この体制は東方と西方に拠点を置く二人の上級の司令官と、彼らの任を引きつぐよう訓練中の二人の副司令官から成っていた。この体制はしばらく有効に機能し、とくにディオクレティアヌスは皇帝在職中に死亡することなく、アドリア海沿いの故郷の町に引退することができたのである。しかし、軍事力に左右されるのはあい変わらずで、皇帝位継承をめぐる危機と内戦は続き、権力はしばしば共治帝のあいだで分割された。

単独で権力を掌握した皇帝も何人かいた。そのひとりコンスタンティヌスは、三十年に及ぶその治世（三〇七―三七年）の後半に、ローマ帝国の東地中海領域を自らの西方の基盤に加え、西方首都ローマから人材や物資をふり向けて、新しい首都コンスタンティノープルを発展させた。政敵の言によれば、コンスタンティヌスが殺害した反乱者のなかに自分の息子もおり、彼はそのためキリスト教徒となった。ほかの誰も彼を許す者がなかったからだというのである。四世紀末のテオドシウス一世（位三七九―九五年）は他の共治帝を従えていたが、彼の息子たちの代になると、それぞれ異なった勢力範囲を分け持つようになった。東方のギリシア語圏と、バルカン半島や北アフリカ沿岸まで広がる西方ラテン語圏である。この処置は、おそらく長期的な計画に基づくものではなかったが、そのパターンは長く続いた。三九五年以降、西帝国はイタリア以外の地域を失い、四七六年以降になると、元老院と教皇はまだ都市ローマに拠点を置き、影響力を有し続けたが、イタリアもまた非ローマ人の支配下に入った。それでも東帝国は維持され、五三〇年代にはユスティニアヌス帝が北アフリカでヴァンダル人から、イタリアで東ゴート人から、西方領土を部分的に奪回することができた。こうした激変の時代を通じて、ラテン語はグローバルではないにしても、帝国の言語ではあり続けた。ギリシア語話者はラテン語などギリシア語の劣った方言のひとつぐらいに考えており、帝国民事行政での栄達を望まない限り、そんなものを学ぶ必要はないとみなしていた。ラテン語は五三〇年代にユスティニアヌスがギリシア語で法令を発布し始めるまで、法律上の公用言語であり続けた。対して、ラテン語話者にとっては流暢なギリシア語は教養の証であったが、なかには通訳を必要とする皇帝もいた。同じ言語を話した場合でも、実際のところ東西の二人の皇帝とその官僚たちは、同じ優先順位で物事に対処するのはおろか、お互いに意思疎通を図ることさえ簡単ではなかった。

権力を保持するかぎり、皇帝は政治システムの頂点にあった。公的な場で用いられるレトリックと視覚化されたイメージによって、地上の支配者は万物を支配する神の力にきわめて近いように表現された。ディオクレティアヌスは血筋によって権力の座を要求することはできなかったが、自身は神の意志による皇帝であるとして、「ユピテルに属する者」、すなわちヨウィウスの添え名を名のった。後世の史家の語るところでは、ディオクレティアヌスに近づく者は、まるで彼がペルシアの王であるかのように、その軍装の紫衣の縁に口づけをしなければならかったという。皇帝の紫衣はホネガイに近縁の特殊な巻貝から採取した染料による、非常に高価なものであった。この染料は皇族専用とされ、四世紀末までには役者が舞台で紫衣を纏うことは、王の役を演じる時でさえ禁じられるようになった。

皇帝の地位の特別さは、三八八年のテオドシウス一世の治世十周年を祝う重い銀板に表現されている。一五キログラム以上もあるこの板に浮き彫りにされた皇帝は、自分の半分ぐらいのサイズの官僚に勅書を手渡している。その官僚の手は皇帝から授かるものを素手で受け取らないよう、うやうやしく衣で覆われ、皇帝と二人の共治帝の頭には、輝く日輪のように描かれた後光が射している。皇帝に関連する事柄は何でも「神聖」であり、たとえば、皇帝の「聖なる

3　官僚たちの上に描かれた皇帝。儀式で用いられた銀の板。四世紀末。

寝室」には侍従がついていて、皇帝の宝庫からの下賜は「聖なる振る舞い」とされ、皇帝の行政官僚は「聖なる省庁」で勤務していたし、彼の「聖なる書簡」は規則に従った敬意をもって受け取られた。もちろん、そうなっても仕事は従来どおりに続行された。三世紀のあるパピルス文書に記された、代理人宛の緊急のメッセージは、我らが主（皇帝）の神聖なる財産〔をあずかる官庁〕がセステルティウスの平価切り下げを命じたので、急ぎイタリアの通貨を売って、何でも手に入るものを買うよう指示している。

皇帝が特別に神に近い存在だと本気で信じている者などいただろうか。三三〇年代に占星術師のフィルミクス・マテルヌスは、皇帝は通常の人間のようには運命の法則に縛られないので、ホロスコープで運命を占うことはできないと主張した。フィルミクスがこう書いたのは、皇帝の運勢を星占いで調べると死罪に値したからかもしれない。皇帝の運命を占うのは、皇帝がいつ死ぬか知ろうとしていることを意味してしまうからである。四世紀の終わりに、修辞家テミスティオスはプラトン以来の長い議論の伝統を引いて、最上の君主は善の性質を理解している者だと結論づけた。彼が言うには、皇帝は「生きた法」であり、万物を統治して人間の法の中に反映されるべき、神の法を体現する者なのである。だから、皇帝は人間の法の上にあり、その厳しさを緩和することもできるのである。

皇帝は、じっさい慈悲を示すために介入することができたし、法も変更できた。しかし、法律の専門家のなかには、皇帝も現行の法に従うべきだと考える者もあった。称賛演説中に示された主張など、それが仕事の修辞家も含めて、いったい誰が信じただろう。すくなくとも、アウグスティヌスは信じなかった。「あの日、わたしは皇帝のために賛辞を朗読する準備をしていました。そのなかにわたしは多くの嘘を並べ、そして、嘘をつくわたしが、それを嘘と心得ている人々によって、喝采をえようとしていたのです。」〔『告白』第六巻六章〕彼はその当時ミラノで修辞学教授をしており、皇帝ウァレンティニアヌス二世はまだ十歳だった。しかし、訓練された修辞家なら誰でも、少年の華麗なる祖先や、まだ何も達成していない人間の並外れた有望さについて何を語ることができるか、よくわかっていたのである。もし祖先に大した人物がいなかったとしても、修辞家は神々の好意を持ち出すことができた。こうした儀式のパフォーマンスにおいて、レトリックは説得力を期待されたのではない。党派的な会議でやるように、お互いわかっていることを再確認するために用いられたのだった。

皇帝のなかにはほかの皇帝より気さくで近づきやすい者もいたが、みな召使いや廷臣、儀式に囲まれていたので、いきおい孤立して情報から取り残される危険性があった。宮廷にいる人々は権勢を得ることができたが、それは官職を有しているからではなく、家族の一員だったり、個人的に仕えていたりするなどして皇帝に近いからであった。女性はいかなる公的な地位もなく、政治的決定に何の公的役割も持たなかったが、家族の地位や自身の財産、それに知人や縁故を通じて、かなりの影響力をもっていた女性もいた。驚いたことに、非公式の権力者には、ペルシアのように宮中の宦官も含まれていた。ローマ法は医学的理由を除けば、性器の切除を暴行為として処罰の対象にしていた。これは驚くことではない。というのも、性器切除された人は、男性としての法的、社会的地位を失うだけでなく、ショックや手術自体が原因で死ぬ恐れがあったからである。だから、大半の処置はローマ領外で非ローマ人に対して行なわれた。宦官は男性でもローマ人的でもないと疑われていたが、だとすればなぜローマ皇帝の家庭で召使いとなれたのだろうか。それには二つの明白な利点がある。第一に、宦官は皇室女性と関係をもっても妊娠させることがない。第二に、彼らはローマ社会や家族とのつながりがないので、皇帝に個人的に依存せざるを得ないからであった。ただ、彼らは名付け子やお気に入りの人物をもつことはできたし、その忠誠を現政権への反対者に向け直すことも可能であった。おそらくもうひとつ利点となったのは、ローマ人が宦官を好かなかったので、皇帝と官僚、あるいは臣民とのあいだで何か不都合が生じた場合、たやすく宦官のせいにできたからだろう。

皇帝と競技

皇帝は孤立していたので、公共競技に出席することは重要だった。皇帝が一般民衆と楽しみを共有していると示すことになる一方、民衆にとっても、このときスローガンを叫べば直接皇帝の耳に入るので、これはひとつの機会であった。コンスタンティヌスがビュザンティオンの町を新しいローマ、コンスタンティノープルに作り変えたとき、彼が新たに付け加えた特徴のひとつは戦車競走のための大競技場、ヒッポドロームであった。これはローマの大競技場、キルクス・マクシムスをモデルとし、皇帝の席は皇宮から直接行けるようになっていた。一流の戦車御者になると、現在のサッカー選手と同じく熱狂的なファン・クラブがついていた。そのため、一般民衆と国軍とのあいだでときに大規模な衝突に至ることになった。

三九〇年、テサロニケで軍事指揮官のボテリクスがある人気御者を逮捕したところ、暴動になり殺害されてしまった。皇帝官僚の死はきわめて重大な犯罪なので、テオドシウス一世は軍隊に行動を起こすよう命じた。多くの無実の市民が殺され、いっそう悪いことにボテリクスはゴート人だったのである。彼はローマ軍に勤務するキリスト教徒だったが、キリスト教ゴート人はたいていアレイオス派信徒であった。この神学の名はアレクサンドリアの神学者アレイオスにちなむもので、神の子イエス・キリストはあらゆる被造物より偉大であるが、彼の存在は父に由来すると考えた。しかし、この考え方は「ニカエア派」のキリスト教徒には受け容れがたいものであった。彼らは子は父と「まったく等しい存在」と考える三二五年のニカエア公会議に従っていたし、自分たちこそが「カトリック」、すなわち普遍（ギリシア語でカトリコス）教会だと主張していたからである。戦車競走の愛好者にこの神学の相異を説明できる者はほとんどいなかったが、テサロニケでも他の場所でも、それは敵味方の相違を示す指標となっていた。このため事件は、アレイオス派のゴート人の死の報復のために、カトリックの皇帝が無実

4　競技を観戦する皇帝。コンスタンティノープルに運ばれたエジプトのオベリスクの台座浮彫。四世紀末。

のカトリックのローマ人を殺したというように理解され、その責任が問われる事態になってしまったのである。

次に起こったことは二通りに解釈できる。ローマ世界で最も権力のある者が一司教の霊的権威に屈したのか、あるいは政治を心得た司教が皇帝に解決策を提供したのか。ゴート人指揮官の死に対する報復攻撃のとき、宮廷はミラノにあった。当時のミラノ司教アンブロシウスはローマ貴族で、かつて同地域の総督も務めていた。長年の間歴史家たちは、彼が妹に書き送った手紙で説明したように事件を理解してきた。すなわち、テオドシウスは無実の人々の死に責任があり、アンブロシウスは悔悛の行を行なうまで皇帝が教会で聖餐に与ることを拒否したというのである。ロンドンのナショナル・ギャラリーにはファン・ダイクが模写した有名なルーベンス原作の絵があり、そこでは司教の正装をしたアンブロシウスが、剃髪したテオドシウスとそわそわした護衛兵たちを聖堂から締め出している様子が描かれている。この物語を台無しにするのは気が進まないのだが、より懐疑的な歴史家は、前総督であるアンブロシウスが「悔悛の機会」を提供したのだと見ている。これでテサロニケの問題が解決し、テオドシウスは自らを敬虔な皇帝というイメージで示すことができるからである。のちの皇帝が、皇帝といえど教会の霊的権威の下にあるという原則を受け入れていたとは思えない。

アンブロシウスは競馬のファン・クラブ、すなわち競馬党派の引き起こす、より広汎な問題を解決することはできなかった。彼らはひいきのチームのために唱和し、またライバル党派とストリート・ファイトを繰り広げていた。彼らは特定の政治指導者や宗教集団を支持して他に対抗するために簡単に動員され、ひいきチームの色でも容易に識別できた。チームの色分けは赤、白、青、緑だったが、なかでも青組と緑組は五世紀末から六世紀初頭のコンスタンティノープルで活動的であった。彼らの争乱で一番派手だったのは五三二年の「ニカの反乱」で、これは十日間続いたあげく、虐殺で終了した。きっかけは都市長官が暴徒に対して取った処置で、首謀者七人を逮捕し、うち五人を処刑したことだった。青組と緑組ひとりずつがなんとか逃げ延びた。そして、次のレースが行なわれている間中、群衆は皇帝に彼らの助命を訴えた。皇帝席に座るユスティニアヌスはしかしこれに応じず、群衆は再び騒ぎ始めた。彼らはひいきチームを応援するときと同じように、「ニカ」、すなわち「勝利」と叫びながら暴れまわり、長官の本営に火を放った。

それでもなおユスティニアヌスの反応がないので、要求は政治的なものになった。都市長官と二人の有力な官僚を解任しろというのである。その二人は、行政改革の任を負うカッパドキアのイオアンネスと、ローマ法編纂の権限を委任されたトリボニアヌスであった。ユスティニアヌスは明らかに譲歩してこの要求を認めたが、反乱と放火は続き、彼は事態を鎮静させようとして軍を送った。これが失敗すると、ユスティニアヌスは日曜日に競技場に姿を現し、一冊の福音書を手に宗教感情に訴えかけた。しかし、これまた失敗に終わった。対立皇帝が立てられ、ユスティニアヌスはもう逃げたという噂が飛び交った。歴史家プロコピオスの筆が光彩を放つ場面がここから始まる。ユスティニアヌスの妃テオドラがこのとき進み出て、自分たちには逃げるに十分な金も船もあるが、「皇帝の衣は最高の死装束である」と指摘したというのである。反乱は大規模な暴力と人命の損失、それに財産の破壊を伴って鎮圧された。ユスティニアヌスはすぐに再建計画に取りかかったが、その一端である巨大な丸天井の教会、ハギア・ソフィアは建設に五年を要した。この反乱は起こるべくして起こったのか、それとももっと政策に巧みな皇帝なら表面化させずに回避できたのか、あるいはユスティニアヌスの政治上のライバルもしくは改革プログラムの反対派によって仕組まれたものであったのか。それは誰にもわからない。ユスティニアヌスから数百年後には、青組と緑組はビザンツの宮廷儀礼に組み込まれた。

役人たち

皇帝は高みに上げられ、民衆はただ皇帝もしくはその取り巻きの役人に向かってスローガンを叫ぶことしかできなかったのだが、皇帝と民衆とのあいだには、行政官僚の一群がいた。ローマ帝国の経営とは、不満を推し量り、報告し、監視し続けること、請願や使節を扱い、規則や法案を起草し公刊すること、現金その他で税を徴収し、軍隊と官吏に給与を支払うことを意味した。最上級の官僚になると、その権力は大変なものになった。東部と西部のプラエトリウム、すなわち軍の本営でその任を負うことからこの名があった。各部局の長官たちはさまざまなオフィキア（文字通りの意味は「責任」）、すなわち民事行政の諸部門の責任者であった。これらの部局はさらにスクリニア（元の意味は「本箱」ないし事務局）と呼ばれる下位区分に分かれる。彼ら役人は公文書偽造を阻止するため、特別な「神聖書体」を用いていた。地方の総督も人員を抱えていた。地方行政のいくつかは大土地所有者から成る参事会《クーリアエ》によって遂行されたが、重い財政負担のためにメンバーはいつも不足していた。帝国民事行政の要員になると地方行政の義務を免除されたので、官職階梯に入ることはますます魅力的なものとなっていった。義務を免除される人々のなかには、すでに共同体に貢献をしたとみなされる人もいた。たとえば、公的資金で雇われた教師や医師である。伝えられるところでは、コンスタンティヌスがキリスト教聖職者を義務免除のリストに付け加えると、新規に聖職者になろうとする人々が殺到したため、コンスタンティヌスはこれを撤回して、教会は参事会に義務を負った人々のうち、その義務を肩代わりする人がいない者を聖職者に選ぶべきではない、と断言せざるを得なかったという。

ある人々は貧しいことを言い訳にしたが、本当に生活に困窮していたわけではなく、単に強制奉仕に耐えるだけの資産がないことを意味していた。学生だと主張する人もいた。しかし、学生というものは、当時も現代と同じく、常に勉強に励んでいるわけではなかった。三七〇年にローマの都市長官は、学生になる資格と彼らのふるまいを審査するよう命じられた。

皇帝ウァレンティニアヌス、ウァレンス、それにグラティアヌスから都市長官オリュブリウスに宛てて。学業を志してこの市を訪ねたすべての者は、何よりも先に、彼らに来ることを許可した属州総督からの手紙を税務長官に提示すべきである。手紙には学生の出身市、出生証明、それに学習達成度を証明する推薦書が含まれるべきである。第二に、学生はどの学問分野に従事しようとしているのか、到着時点で宣言せねばならない。第三に、租税査定局は学生の居住地を詳細に調査せねばならない。勉強すると言っている科目に彼らが努力を注いでいるかどうか確かめる必要があるからである。租税査定官はまた、学生たちが集団でいるとき、悪い評判や悪い仲間を避けるべきと考える人々にふさわしくふるまうよう警告せねばならない。なんとなれば、我々はこうした仲間は犯罪に近いと考えるからである。あるいはまた、学生はみだりに見世物に通ったり、深夜の会合を探し求めたりするべきでないし、そのように監察当局は気をつけるべきである。じっさい、我々は汝に権限を授ける。もし何人であれ、この都市で自由学芸が求める権威にふさわしくないふるまいをするなら、その者は公衆の面前で鞭打たれ、ただちに船に乗せられてこの都市から故郷へと追放されるべきである。〔『テオドシウス法典』第一四巻九章第一法文前半〕

ローマで教えていたアウグスティヌスは、この街の学生が以前いたカルタゴの学生よりはずいぶんましだと感じていた。問題は彼らが学費をきちんと払ってくれないことであった。しかし、アテネでは「自由学芸の権威」のほうも危うくなっていた。そこでは一般市民と学問をする者との関係が極端に悪くなっていたので、授業は私的な場所で行なわねばならなかった。ライバル関係にある教師の学生はストリート・ファイトに及んだし、新しくやってきた学生は波止場に着くやいなや強引な勧誘を受けた。というのも、教師はたとえ公的資金で賄われるポストに就いていても、学生の授業料を必要としていたからである。アンティオキアで最も有力な教師のひとりであったリバニオスは、自分のところの学生について熟知しており、その膨大な書簡は、大勢の学生の紹介状や推薦状を含んでいる。彼は、自分のところの補助教員たちはスタッフとしてそれぞれ奴隷を三人もつのがやっとで、しかもその連中に貧乏なことを軽蔑されているとこぼしている。

ほとんどの学生は高等教育を受けるための時間と金の余裕があった。しかし、のちに有名な修辞学教師となるプロハエレシオスは、アテネに到着したときマントと着古したチュニカ、それに擦り切れた毛布何枚かをもっているきりで、それをひとりの友人と使い回していた。二人は交代でひとりが毛布をかぶって寝て、もうひとりがチュニカとマントをまとい講義に出た。これとは対極の経済状態にある学生を、同時代人でのちのナジアンゾス主教となるグレゴリオスが記憶している。風変りでぎこちなく、熱心だが混乱し、不釣り合いな顎鬚に大きなのど仏が特徴的であった。誰あろう、のちの皇帝ユリアヌスその人である。彼は長年の孤独な生活の末、ついにアテネに行くことを許されたのだ。皇帝たちは真面目に学問に励む学生のことは認めていた。

勉学に精励これ努める者は二十歳までローマに滞在してよい。しかし、この年限を過ぎて自発的に帰郷しない者は、都市長官の監視下で故郷に送還されるという恥をさらすことになる。したがって、これらの配慮をおざなりに扱ってはならない。いとも誠実なる都市長官は租税査定局に対して、年限が終了した者をアフリカなり別の属州なりに送り返すべく、誰がどこから来たか月ごとに記録を取るよう命ずる。ただし、組合の仕事が与えられた者は例外とする。このような記録を毎年、我らが慈悲深き皇帝の各官庁に送るようにせよ。我々が各学生の業績と修練の度合いを必要な時にいつでも判断できるようにするためである。〔『テオドシウス法典』第一四巻九章第一法文後半〕

皇帝たちの手紙のこの部分は、古代末期社会の二つの重要な側面を説明している。ひとつは地位に対する関心を、なかなか魅惑的な表現で示していることである。宛先の形式はフォーマルで、「陛下」とか「閣下」といった言い方であるが、著者と名宛て人に期待された特徴を示すために、さらに幅広い抽象名詞が配置されている。もうひとつは制約、もしくは制約の試みである。大半の学生は上流階層の一員で、地方参事会の奉仕義務が待っていた。同業組合のメンバーには必需品供給義務が課せられていた。ローマ人はなおパンとサーカスを求めていたから、パン焼職人の家に生まれた者は組合外の人間と結婚することはできなかった。船主はローマやコンスタンティノープルで支給されるパン用の穀物を運ぶ義務を相続することもあった。芸能身分に生まれた役者はその低い社会的地位による法的不利から逃れることはできなかった。しかし、三七一年にキリスト教皇帝たちは譲歩して、もし臨終の床で洗礼を授けられた後で予想に反して回復した場合は、役者は舞台に呼び戻されないですむと認めた。しかし、これは本当に死ぬと思われ、聖職者が洗礼を承認したことが明らかにされた場合に限られる。位階秩序と制約といえば不吉な結びつきに見えるが、じっさいには社会的流動性を示す多くの事例があった。それに帝国中のすべての学生とパン焼職人と舞台役者を調査するには監督官の人員が足りなかったし、小作農が土地から逃げ出すのを防ぐにも人員は不足していた。農民はその土地を耕すことに同意したか、税のために登録されていたのだが、おかまいなく逃亡した。人の流動を制限しようとする法は、不満への対処であった。

古代末期の官僚制は、しばしば悪い印象を持たれる。その多くは現代の歴史家の苛立ちによるもので、「ビザンツ的」という表現が、不明瞭な政治的陰謀あるいは複雑な官僚的手続きという意味合いを持つからである。これは古代末期の歴史叙述の結果かもしれない。というのも、古代の多くの著作家にとって、歴史とは皇帝一門内部の策略や合従連衡から成るものだったからで、今日でも多くの政治回顧録の著者にとって、歴史とはロンドンやワシントン政界内部の政治家と公職者から成るのとまったく変わらない。しかし、帝国運営および財源確保と法の施行において、ある程度の公平性を達成するのに必要な情報は、官僚が集めていたのであった。

公平性

ディオクレティアヌスは新たに人口調査を命じた。帝国にどれだけの人が住んでいて、どんな土地を所有しており、生産はどの程度見込めるのかを把握するためである。人々に課税するにはこうした事柄を調べるのが一番明白な方法であり、税水準は最新の軍の需要に応じて一定期間ごとに調整された。ただし租税システムは融通の効くものでなければならなかった。周辺の土地は休耕地で残され、予期せぬ不作や悪天候、それに疫病や戦争があれば、現金その他で徴収可能な総額は大幅に減ったからである。理屈の上では、都市参事会に属する大土地所有者が不足分を埋め合わせる義務があったが、彼らにもこうした問題は手に負えなかった。そこで彼らは持ち前の修辞学の素養を駆使するか、代わりに地方教師や修辞家に頼むなどして、皇帝や地方の総督に税の免除を願い出た。

ディオクレティアヌスはまた、現金による税の支払いおよび兵士や公職者の給与支払いに用いられる通貨の安定と価値の切り上げを試みた。ローマには原則として金銀銅（もしくは銅合金）の貨幣があり、相互の価値は一定とされていた。しかしじっさいには、含まれる金属はいろいろだった。貨幣の額面価値が受け入れられているうちは、それでも問題はなかったが、困難な時代になると、人々は金や銀の含有率の高い貨幣を退蔵しがちになった。地方貿易のいくぶんかは通貨なしで継続したが、貨幣価値が低下すると物価は上昇した。ディオクレティアヌスはインフレを抑えようと試み、また価格令によって需要と供給の影響を弱めようとした。これは非常に幅広い物品の最高価格を定めたもので、基礎的な食料品から、公共の見世物用のライオンに着せる紫の縞が入った半絹織下着にまで及んだ。価格令はまた、特別道路の通行料を定め、下水掃除人から修辞学教師にいたるさまざまな職業の基準となる賃金を決定した。市場から商品を引き上げてしまうなど、この法を破る行為をすれば死罪とされた。価格令は帝国じゅうで掲示され、その断片は四〇か所以上の場所で見つかっている。

　価格令は、布告にいたった背景を示し、人々にその正しさを確信させるよう企図した、古代末期の法における修辞のみごとな例で始まっている。神々のおかげで平和は達成され、蛮族は打ち破られた。今や平和は正義によって守られなければならない。というのも、あきれ果てたことではあるが、ある人々が法外に利益を得ているからだ。

人類を顧みることなく、毎年毎月毎日というにとどまらずほとんど毎時毎瞬、私腹を肥やし増やすことに邁進している凶暴な貪欲をば無制限に燃え盛らす諸事を、もし何らかの自制の理が抑制するならば、またもし公共の運命がかかる狂暴な放縦を冷静に耐え忍びうるならば……心を合わせた寛容は忌むべき野蛮性と哀れむべき状況を和らげるものなれば、あるいは目をつぶり口を閉ざしておく余地も残されているかに思えよう。しかし、度し難き狂気が唯一欲するのは、公共の必要性に対し区別立てしないことであり、貪欲が燃え盛り、その炎が強奪によって掻き立てられている状況下、貪欲で自制心を欠く者どもにあっては、自発的にではなく、必要に迫られてのみ万人の財産を荒らすことを放棄するということが、唯一の信条の如く思われている。〔「ディオクレティアヌスの最高価格令」〕

この布告は、続くさらに多くの文言も含めて、石に刻まれたが、長くはもたなかった。いくつかの場所では石材は再利用されてしまい、小さく砕かれたケースすらあった。

古代末期の官僚はまた、ひともうけすることばかりに熱心と非難される。彼らはポストを得るために金を払うのが通例で、給与は生活するのに十分ではなく、年金もなかった。おかげで臨時報酬が日常化し、いくつかの公式文書にはこうした報酬の予想水準が明記されている。たとえば、北アフリカのティムガドでは、ユリアヌス帝の短い治世の間に総督が市場に石に刻んだ布告を建てたが、それは異なる行政サービスのそれぞれに対して、どれだけの分量の小麦もしくはそれに相当する現金が支払われるべきかを示していた。総督がこれを賄賂の勧めと見做していなかったことは明らかである。大学の授業料と同じく、この料金体系は行政のサービスを望む人々のみに課せられた。少なくとも、彼らはそれがどのぐらい値が張るものかは知っていたし、払わなければよりいっそうコネと贈り物が必要になっただろう。

しかし、権力のある人々に近づくのはけっして容易ではなかった。

私はしばしば、「なぜ彼はあのポテスタース（有力者）のところに行くのか。司教がいったいポテスタースに何の用事があるのだ」と言われている。しかし、よく知っての通り、あなた方にその必要があるから私は行きたくもないところへ行くのだ。待機し、戸口に立ち、そして、その価値のある人、ない人がその扉の中に入っていく間そこで待ち、呼ばれたらようやく中に入る。そして冷たい言葉に耐えて懇願する。成功する時もあるが、みじめに退散の時もある。〔アウグスティヌス『説教』第三〇二番「殉教者聖ラウレンティウス祝祭についての説教」第一七章〕

アウグスティヌスも司教というだけで有力者に特権的に接近できるわけではなかったのである。彼は有力者とコネがあるときには利用したが、金銭を使ったという証拠はない。アレクサンドリア主教のキュリロスは、より豊かな教会管区にいて、はるかに政治に長けていたので、派手な賄賂《わいろ》の例を提供している。四三〇年に、彼はコンスタンティノープルの皇室の面々と官僚、その他影響力ある人々に「御祝儀」を送った。これは敵対するネストリオスよりも自分の神学的立場を確実に支持してもらうためであった。キュリロスの代理人への書簡からは、非公式な権力保持者の影響力がうかがえる。それはオリエンス道長官の妻で、彼女は金一〇〇ポンドを提供された。二人の上級官僚がもらったのと同額である。皇帝寝室長官で宦官のクリュセロスはキュリロスに反対していたので、倍の金二〇〇ポンドが提供され、さらに次のような豪華な品物の数々が献上された。タペストリーの大きなものが六枚、通常サイズが四枚。絨毯の大が四枚にクッション八つ。テーブルクロスと大小の壁掛けそれぞれ六枚に腰かけ椅子も六脚。玉座の覆いが一二、大きなカーテン四枚。椅子と象牙のスツール四脚。ペルシア風のカーテン六枚に大きな象牙の飾り板六つ。そして、ダチョウの卵六個。寛大な近代の歴史家はそれでも、正しい教義と教会の平和を守っているとキュリロスが心から確信していたと言っている。

コネと好意は常に重要であったが、贈収賄行為を防止し密告を奨励しようとした証拠も、法史料からはいくつか得られる。

皇帝コンスタンティヌスから属州民に宛てて。官僚の強欲な手をただちに止めなくてはならない。あえて言う、彼らの手を止めなくてはならないと。もし警告しても止めなければ、それらの手は剣で切り落とされるべきである。裁判官の［部屋とのあいだを仕切っている」カーテンは売られてはならない。裁判所への入廷は買われてはならない。彼の執務室は競売に掛けられてはならない。総督の目は値段に向けられてはならない。裁判官の耳は一番貧しい者にも金持ちにも等しく開かれているべきである。行政長官による採用は賄賂強要とは無縁でなくてはならない。諸官庁の補佐官は訴訟当事者に圧力を加えてはならない。百人隊長ほかの官職者の容認しがたい収奪は、額の多寡にかかわらず撲滅しなくてはならない。宮廷の記録簿に議論の種を提供し続ける人々の飽くことなき貪欲は抑えられねばならない。この種の人々によって訴訟者が一人でも除かれることのないように、総督はたゆまず監視すべきである。〔『テオドシウス法典』第一巻一六章第七法文〕

もし総督が訴訟手続きのそれぞれの段階で何が起こったか知らなかったとしても、収奪の犠牲者は情報を提供できた。また、もし総督が何の処置も取らなかったとしても、犠牲者はより上級の権威に訴えることができた。立法と行政と公的な監視は、それらの機構を動かす立場にない人々、あるいは規則によって守られることを望む人々をじっさい助けたかもしれない。官僚機構の縮小、簡素化が試みられたという証拠もいくつかある。ユリアヌスは宮廷の経費削減と監督官の人員削減を命じたが、ほとんど効果がなかった。ほぼ二世紀のち、ユスティニアヌスが大規模な改革を実行し、そのなかには、東ローマ帝国の法律におけるギリシア語使用も含まれていた。改革のために彼が新しく任命した道長官カッパドキアのイオアンネスは、はなはしく不人気で、とくに伝統的な公職者は経理担当者の出現を喜ばなかった。もし彼が成功していたなら、「ビザンツ的」という言葉はおそらく今ごろ、効果的で透明性の高い行政を意味していたことだろう。

第3章　法と福祉

平和と秩序はある程度の力の行使なしには維持できない。しかし、古代末期は国家による刑罰としての暴力がはなはだしいことで悪名高い。キリスト教皇帝は恐るべき刑で脅す数々の法律を発布している。行政長官は、裁判官としての役割上、容疑者や場合によっては証人も拷問にかける権限が与えられていた。国事犯の場合には身分は何の保護にもならなかった。キリスト教徒の官僚たちは、こうした極端な権力の行使と、隣人愛や悪に対して善をもって応えるというキリスト教の教えとを、どう折り合いをつけていたのだろうか。また、彼らはキリスト教の倫理は帝国の運営と相容れないという議論に対して、どのように対処していたのだろうか。たとえば、右の頰を打たれたら左の頰も出すというキリスト教倫理では蛮族の侵入に対するに不十分ではないか、また「悪に対して悪を返してはならない」のは正義の原則に反しないのかという議論である。アウグスティヌスは反対者たちからこう尋ねられたと書いている。「敵に何かを奪わせてやる者がどこにいる。ローマ属州を略奪する者に対して、戦争をする権利でもって悪を返そうと望まない者がどこにいる」、と。

アウグスティヌスは、しばしば考えられているような、正戦の概念を発明したわけではない。戦争に関するローマの伝統を明確な形で記したのは、前一世紀末のキケロである。すなわち、戦争は自国や同盟国に対する攻撃に抵抗するとき、あるいは攻撃によって取られたものを取り戻す場合のみ正当化されるというものである。いわれのない攻撃は不正であるとされた。彼の断片的な哲学対話集『国家論』は、ローマ人は同盟者を守ることで世界を征服したと語っている。しかし、これが書かれた文脈がわからないと、どこまで皮肉のつもりなのかわからない。アウグスティヌスはキケロを超えなければならなかった。なぜなら、十戒のひとつに「汝殺すなかれ」とあり、キリスト教徒のなかには、そのためには平和主義が必然となると考える者もいたからである。アウグスティヌスは、この戒律を「汝は殺人の罪を犯してはならない」という意味に解釈する人々に同意していた。彼は殺人と法的な殺害とを区別していた。そして、法的な殺害は、公権力の命令で行使されるもので、なおかつ怒りに駆られてのものでなく、無辜の民を犯罪者や敵から守るものであれば、許容されるのである。アウグスティヌスは支配者たちが自分は神の命令で戦争を戦い命を奪うのだと信じることの、危険性も理解していた。もし神が通常の規則に反するようお命じになっていると思うときは、きわめて慎重であるべきなのだ。

アウグスティヌスは、軍政部門の総督と同じく民政部門の総督もときには秩序維持のために武力を行使しなければならないことを認識していたが、その際行使する武力について熟慮するよう勧めた。「裁判官は知らずに無実の者を殺さないようにと、被告を拷問する可能性があるが、総督が無知であると無実の者を拷問し、殺すことがある。」しかも、なお裁判官は真実を知らないままなのだ、と。ローマの官僚のなかには、任期中に拷問を命じたことがないことに誇りを持つ者もいた。そうかと思えば、裁判官席に至る階段に、鉤爪や木馬、それに金属板の上に人をのせて熱するコンロなどの拷問器具を展示した者もいた。こうした展示は抑止効果を持ったかもしれないが、裁判官に従う正規職員のなかには拷問も職務とする死刑執行人も含まれていたし、ローマの「極刑」のなかには生きながらの火あぶりや野獣による処刑もあった。拷問と処刑は秘密警察の地下室に隠された光景ではなかった。公共の見世物であり、応報の罰と犯罪抑止のための合法化された暴力として用いられたのである。司教は慈悲の嘆願者として、あるいは鞭打ちから杖による打擲《ちょうちゃく》に減刑するよう嘆願する役を期待された。ラテン語でフラゲッルムと呼ばれる鉛の錘のついた鞭で打たれて、障害が残ったり死んだりするよりはましだったのである。アウグスティヌスは社会秩序には死刑執行人の存在する余地があることを認めていたが、それでも減刑のため努力した。それがたとえ子どもを誘拐して売買する違法な奴隷貿易商人であったとしても。確信犯的な犯罪者にも悔い改める時間を与えようとしたのである。地方の総督がこうした願いに応えたことは、慈悲を願う司教に大変歓迎されたが、一方で総督は犯罪率の抑制にも対応せねばならなかった。

歴史家のなかには、ローマ政府は秩序維持に苦心していたと考える者もある。法は繰り返され、処罰は苛烈を極めた。とくに低い身分（フミリオーレース）には厳しいものになった。弁護士を雇う余裕も官僚に袖の下を渡す資産もなかったし、裁判の審理に圧力をかけられるコネもまったくなかった。社会的に高い地位にある人々（ホネスティオーレース、より尊敬さるべき人々の意味）は常に肉体的刑罰や残酷な形の処刑からは守られていた。繰り返される法は失敗ではなく、皇帝が悪行を容認するつもりがまったくないことを再確認したのかもしれない。そして残忍さと腐敗はいつの時代もローマ法に影響を及ぼしていた。この点については、古代末期の史料からさらに詳細を知ることができる。というのも、賄賂を取る役人や、裁判官のなかでも事実と法によって裁くのではなく個人的なコネに影響される者がいることに対して、司教たちは抗議し、法は脅していているからである。

それにしても、裁判官はどのようにして法律を知ったのだろうか。裁判官は公職者であったが、法の専門家ではなかった。原則として、ローマ帝国のすべての住民は同じ法の下で統治されていたし、すべての地方の総督は新しく更新された法について知らされているものとされていた。しかし、じっさいには地方の慣習、とくに家族関係の慣習は尊重されていた。そして、総督や法についての助言者たちは、ただ単に法を参照すればよいわけではなかった。法の制定と専門家による解釈は、紀元前五世紀以来蓄積されてきた。皇帝は照会や嘆願に応えることで先例を作ったが、新しい法律は常に帝国じゅうで発布されたわけではなかった。こうした処置だけでは不十分とばかりに、コンスタンティヌスはキリスト教司教が民事訴訟を裁定してよいと定めた。人々が訴訟にかかる費用と時間を節約できるようにである。訴訟の際に双方によって認められた仲介者を使うのは、以前から定着していた伝統だったが、コンスタンティヌスが役人たちを驚かせたのは、当事者の片方だけでも司教に訴え出ることができるとしたからである。しかも、司教は聖なる者なので真実を見抜くから、司教の決定は受け入れられなければならないと言ったのであった。

古代末期にはローマ法を収集、編纂し、明確化していく試みが繰り返し行なわれたことが見て取れる。このような試みは歴史家にとっては大変有益である。日付と宛先を付された法は、たとえ問題が広範囲におよび、それに対する対策が取られたことを示すものでないとしても、少なくとも誰かがある問題に対する回答を求めていたことを示しているからである。字義どおりには「民法集」と訳すべき『ローマ法大全』（コルプス・ユーリス・キウィリス）は、ユスティニアヌスの命で五二〇年代から三〇年代にかけて編纂されたのだが、法の収集自体は三百年ほど早く、セウェルス朝時代に始まっていた。セウェルス朝の諸皇帝はおおっぴらに「ドミニ」、すなわち主人とされ、その権力は軍事力に依存していた。二二九年にコンスルに就任した歴史家カッシウス・ディオによれば、セプティミウス・セウェルスの最期の言葉は「兵士を富ませよ。そのほかのことはどうでもよい」であったという。しかし、セウェルス一門の出身地アフリカには、弁護士を生み出してきた偉大な伝統があり、この一門もまたローマ法の発展に貢献したのであった。

皇帝マルクス・アウレリウス・セウェルス・アントニヌス・アウグストゥスは言う。すべての理由と理由づけは神に言及すべきである。したがって、当然ながら私もまた不死なる神々に感謝を捧げるべきだろう。なぜなら、大規模な陰謀が起きた際、神々は私を安全に守ってくださったからだ。私は、神々の聖域にわが臣民に加わった幾千もの人々を連れて行くとしても、威厳をもって、神々の偉大さにふさわしく行なえるものと考える。私は、それゆえ、地上に住む全住民にローマ市民権を認める……

マルクス・アウレリウス・セウェルス・アントニヌス・アウグストゥスは、ふつうカラカラとして知られる。好んで着用したケルト・スタイルのチュニカから「フード付き外套」とあだ名された皇帝だが、二一二年に公布された、この『アントニヌス勅令』（コンスティトゥーティオ・アントニーニアーナ）に、正式の名を記している。コンスティトゥーティオというのは、帝国全土で効力をもつ法令である。ローマの市民権政策は、常にローマを成功に導く要因であった。大半のギリシア都市国家は、市民権を都市内とその周辺に居住する者に限定していたから、市民は地域の政治に参加することができた。しかしその結果、人々はただひとつの市民権しかもてないことになった。ローマの場合は、市民が政治参加するには離れすぎている場所に住むことも、ローマ市民権と各地域の市民権の両方を持つことも認めていた。このため、ローマではどこに忠誠を誓うかの争いはなく、従属民族が市民になったとき、彼らの成年男性はローマ軍のために働くにふさわしい者となっていた。多くの歴史家はカラカラの勅令をこうした市民権拡大政策の頂点、もしくは統合された帝国の理想とすら解釈してきた。しかし、「すべての住民」には奴隷は含まれておらず、彼らは解放されるまで市民にはなれなかった。また、「地上」はローマ支配下の領土を超えることはできなかった。カラカラはローマ市民が軍事費のために支払う住民税を二倍にしたので、彼を嫌っていたカッシウス・ディオは、カラカラの本当の目的は税基盤と軍役徴募の拡大だと述べている。

カラカラはローマ法は原則として世界中に適用されると保証した。しかし、ローマ人の総督はローマ法とは何かをどうやって知ったのだろうか。答えは最も偉大なローマ法学者のひとりで法の専門家であるウルピアヌス（二二三年没）から得られる。彼は多文化都市、フェニキアのティルス出身であった。ウルピアヌスは皇帝の勅法と回答をローマの文書館で調査し、それらを項目ごとにまとめて一冊のレファレンス・ブックとして書いた。『総督の義務』という名で、法の収集と強調原則を結びつけたものであった。彼はローマで親衛隊長官にまで登りつめたが、そこで勃発した政治的暴力のために死亡した。三世紀の終わりごろ、ディオクレティアヌス帝の治世に、法の専門家たちは新たに二つの法律集を編纂した。それぞれ「コデックス」

と呼ばれているが、それらは法の包括的体系としての法典ではない。コデックスとは、ラテン語でページのある冊子本を意味し、巻物（ラテン語でウォルーメン、ここから英語のボリューム＝巻の語が来た）と区別するための言葉であった。コデックスのほうが参照したい項目を巻物よりもずっと早く見つけられるので、古代末期にはコデックスがますます多く用いられるようになった。

五世紀になるとテオドシウス二世が、間違いや矛盾、曖昧さを排除して、法律を一冊の法典にまとめることを決定した。テオドシウス法典では、臣民が何をしてはいけないか、いかに生きていくべきかが強く述べられている。実際のところは、この法典はコンスタンティヌス治世の三一三年から始まる皇帝の法令集で、すべての法令は、その時統治していた皇帝が意見を求められる立場になかったものも含めて、皇帝の名において発布されたと見なしている。編纂者はコンスタンティノープルで四二九年から四三七年までこの仕事に従事した。彼らは集めた法律を見出しをつけて年代順に整理した。ときには、ひとつの法を異なったセクションに再配列し、また可能なときにはテキストを削って短くした。

テオドシウス法典のほとんどは残っていない。しかし、十一世紀の写本のひとつに、四三八年、ローマで元老院議員がこの法典を喜びで迎えたときの、生き生きとした描写が残されている。彼らは「歓呼」を唱和した。今日の政治上の会議で拍手の長さが記録されるように、当時は歓呼の数が記録された。スローガンや請願、あるいは称賛の言葉を唱和するのは、当時広く慣習となっていた。四三八年に、元老院は皇帝を称賛する際、いくつかの定型的な合唱でもって始めた。たとえば、「神はわれらにあなたを与えた。神はわれらのためにあなたをとどめる」という語句を二七回繰り返す規定のように。しかし、おなじみのパターンの称賛に続けて、どのように歓呼が請願に切り替わるよう指揮されたのか、想像するのは難しい。


関係省庁のために多くの写しが作られるように（一〇回繰り返し）。

それらの写しは封印を押されたまま、担当国事部門で保管されるように（二〇回）。

法が偽造されぬよう、多くの写しを作成させよ（二五回）。

法が偽造されぬよう、すべての写しを書きとらせよ（一八回）。

コンスティチューティオナリイ〔尚書係〕によって作成されるべき写しにはなんの注釈も加えられることのないように（一二回）。〔テオドシウス帝に対するローマ元老院の称賛〕

ラテン語で言っても、これより格好良く響くわけではない。しかし、確固たる支持を具体的に示す尺度だったので、この方式は生きのびた。五年後、親衛隊長官はラウェンナの宮廷にこの会議の記録を送った。というのも、長官は尚書係のみが写しの作成を認められていることを確認したかったのである。

ユスティニアヌスのプロジェクトは一世紀のち、五二八年に始まった。『ローマ法大全』は三部から成っている。『法学提要』(インスティトゥーテス)は法の教科書である。『学説彙纂《がくせついさん》』（ディゲスタ）は権威ある法律家の意見を集成したもので、その多くはディオクレティアヌス以前の三百年間から引いており、なかでもウルピアヌスは重要な位置を占めていた。『勅《ちょく》法彙纂《ほういさん》』は『テオドシウス法典』に収集された法律にその前後のものを付け加えたものである。『新勅法集』（ノウェッラエ）は、字義どおりには「新条項」つまりのちに追加された法令集である。そのひとつで五四五年の法令は、四大全地公会議の決定事項（カノン）に、国法の地位を与えるものであったが、これが「教会法」の始まりになる。『新勅法集』のいくつかはローマ帝国の根本的な変化を明らかにするものであった。なぜなら、それらの法令は伝統的な法律言語であるラテン語ではなく、東方の行政言語であるギリシア語で書かれていたからである。四世紀末にリバニオスは、彼の学生たちがベリュトス（現ベイルート）の法律学校に行ってラテン語を学び、帝国行政の職を得ようとして、ギリシア語修辞学の勉強に十分な時間を取らないとこぼしていた。しかし、六世紀半ばまでにはこのバランスは変化し、リュディア人のイオアンネスはコンスタンティノープルで、若い世代の役人はラテン語習得に十分な時間を取らないと不満を述べている。

ローマ政府は福祉に責任を負うことは期待されていなかった。しかし、社会秩序が危機に瀕しているときには、福祉政策を行なうこともあった。新しいローマであるコンスタンティノープルもローマの例に倣って、無料か補助金で割引価格になった穀物の配給を行なったし――ただし資格のある者に対してで、必要としている者にではない――穀物の不足は暴動を引きおこした。地方の行政当局者も、洪水や地震、飢饉や疫病といった緊急時に対応した。しかし、彼らは被害を被った人々のそれぞれに食糧や介護を行なうと期待されたわけではなく、もし皇帝が危急時に基金を送り、税を免除したなら、それは大々的な公的デモンストレーションで広く知らしめるべき恩恵なのであった。

古代末期には、キリスト教が影響力を増すにつれ、恩恵よりも慈善が上回るようになった。恩恵を施す側は本質的に社会の中で福祉の観点を持たなかった。彼らは仲間の市民に、公共建造物や娯楽、穀物や金銭を支給するための資金を出し、ときには修辞家や教師のために資金援助をしてポストを提供した。恩恵を施した側はその見返りに世間の評価を得た。アウグスティヌスは自分のパトロンであるロマニアヌスに、そのことを想像してほしいと懇願している。

あなたが市民に野獣競技や、見たこともないような見世物を提供して、劇場へ入るたびに心からの歓呼で迎えられるところを思い浮かべてください。もしあなたがつまらない人々（じっさい、こうした人々は多いものですが）から天まで至れとばかりに称賛されたら、そして町の公式記録があなたのことを、この町の市民のみならず近隣の人々の後援者でもあると、ブロンズの銘板に刻んで宣言したら。あるいは、像が建てられ、栄誉で飾られ、これらの諸都市をしのぐ権力が付加されたなら〔……〕さらに、もしあなたが従属者や仲間の市民や、地域の民衆によって、最も親切で寛容、礼儀正しく、幸運な男として宣言されたなら……。〔『アカデミア派駁論』第一巻二章〕

この種の人々は期待の力を感じ取っていた。彼らは価値のない者には与えず、自分の家産がその地位を維持できなくならないよう気をつけて、家族や庇護民、仲間の市民の主張を天秤にかけなければならなかった。キリスト教徒は、人間の必要に対するユダヤ教の伝統にもとづく、異なった原則に従うよう教えられたが、彼らもどの程度与えるべきかは考えなくてはならなかった。『義務について』と呼ばれる二点の著作が、キリスト教とそれ以前の時代の恩恵を施す者との違いを明確にしている。一方の著者はキケロで、前一世紀末に息子マルクスに宛てて書いた中で、与える際の優先順位について議論している。もう一方はミラノ司教アンブロシウスによるもので、自分の霊的息子である四世紀末の聖職者たちに向けて書いている。その中で彼は自分の書簡を読む者がキケロを知っていることを期待しつつ、異なった質問をしている。我々は戦争捕虜買戻しのために教会の銀器を売るべきであろうか。アンブロシウスはそうしたが、彼の反対者は、それは銀を寄付したことで名を高めた名門家族に対して、自分の影響力を示したかったからだと言った。イエスの教えからすれば、我々はすべての持ち物を与えねばならないのではないのか。この問題については、すでに二世紀にアレクサンドリアのクレメンスが『富者の救済』という本を書いて論じている。すなわち、慎ましくとも継続的に与えるキリスト教徒は、持てるものすべてをいっぺんに貧民に与える者より有益であり、司教の慈善リストにはこの者が一再ならず載ることになる、と。

困窮者支援源としての司教の役割は、古代末期に新しく現れたものである。それまでの施しを与える者は都市内での名誉と引き換えに自身の財産を与えていたが、司教は自分の会衆から財産を引き出し、教会の名誉と貧民の祈り、それに天国での報いと引き換えにその財産を提供したのである。多くの司教は教会や修道院への継続的な寄付を勧めた。それで作物を育てたり土地を小作人に貸すことで貧民を養い続けることができたからである。最初期の教会記録によれば、執事（ギリシア語でディアコノス、「管理人」）は教会基金とその配分に特別の責任を有していた。四世紀末に詩人プルデンティウスは、三世紀半ばにローマで殉教した執事ラウレンティウスについて書いている。邪悪な総督が教会の宝物を要求したが、ラウレンティウスは集めるための時間を要求した。それから彼は教会によって支えられている貧民のところへ案内し、「これらの困窮し、体の不自由な人々こそが教会の最大の宝です」と言ったのである。怒った総督がラウレンティウスを焼き網に縛りつけ、じわじわと火あぶりにすると、殉教者は有名なジョークを口にした。「こちら側は焼けた。ひっくり返してくれ。」

古典文学が貧民を取り上げることはめったになかったが、キリスト教文学では貧民を目に見えてよく取り上げた。たとえば、四世紀末に小アジア中央部のカッパドキアで穀物の不作と厳しい冬の寒さが飢饉をもたらしたが、このときカエサレアの司教バシレイオスは試練の時の説教を行なった。寄贈者となりうる者たちに道端の痩せ細った死体を、あるいは子供たちを養うことができずにどの子を奴隷に売りに出すか決めようとしている父親を、思い浮かべるよう説いたのである。バシレイオス自身富裕な家の生まれで、じっさいに行動をとることもできた。彼の邸宅は多くの建物から成り、主要街道の交差点に位置していたので、食料と宿泊場所、それに医療ケアを旅人や行き場を失った人々に提供した。この邸宅群は「バシレイアス」と呼ばれた。バシレイアとはギリシア語で「王国」という意味である。それはじっさいにこの世に現れた神の王国だったのか、あるいはより人間的な王国、「バシレイオスの場所」であったのか。いずれにしても、現地の属州総督からすれば、バシレイオスの取るイニシアティヴはやっかいな競争に感じられた。というのも、行政当局側も、貧民に対する配慮を求められていたからである。バシレイオスと同時代人であったユリアヌスも、幼少期に受けたキリスト教的な教育は拒絶しつつも、すべての困窮者に施しをするユダヤ教徒やキリスト教徒の例に伝統的な宗教は倣わなくてはならないと書いた。ただし、ユリアヌスに言わせれば、こうした貧民救済は目新しいものではなく、偉大な神ゼウスは異邦人や旅人を見守ったし、ホメロスも困窮したオデュッセウスをもてなした豚飼いエウマイオスの例を示している。キリスト教徒の著作家は、ユリアヌスがキリスト教のアイデアを盗用して神殿の福祉予算を計上するために用いたと述べた。

六世紀初頭までにキリスト教の慈善組織はよく組織された。ユスティニアヌスと皇妃テオドラは、数多くの慈善計画を立てた。そのひとつ、娼婦の避難所は賛否両論の反応をよんだ。テオドラのショーガールとしての前半生の物語が本当なら、彼女は市場で働く娘たちにかかる経済的、社会的な圧力を知っていたことになる。ユスティニアヌスの法令のひとつからは、娼婦のなかにはまだ十歳にもならないうちに、だまされたかやけになった親に売り払われた者がいることがわかる。彼女たちにとって、メタノイアと呼ばれる改装された砦はじっさい、客やぽん引きからの逃げ場所だったかもしれない。「メタノイア」とは「心変わり」という意味で、しばしば「悔悛」と訳される。娘たちのある者にとって、それは「新たな出発」となっただろう。しかし、プロコピオスによれば、メタノイアの住民の何人かは絶望のあまり逃げだし、屋根からボスフォロスの海へ身を投げたという。

ユスティニアヌスの法令が示すのは、教会や司教への贈与や遺贈が頻繁だったことである。そして、相手を特定しない「貧者へ」という財産が残された場合は実務上の問題になった。六世紀のコンスタンティノープルにはたくさんの福祉施設があった。教会の入り口の段に置き去りにされた赤子は孤児院で養育されることになっていた。教会の提供する宿泊所は介護も提供したし、幾人かの皇室女性は一番の任務として救済事業を行なうことでキリスト教的献身を示した。宿泊所は病院とは違って、専門医の治療を提供するわけではなかったが、コンスタンティノープルには、この職業の頂点に立つ「アルキアトリ」と呼ばれる医師たちがいて、専門知識と幅広い経験が結びついて、医療実践の発展を助けていた。六世紀の法は司教に対して、福祉経営に積極的な関与を期待した。彼らは牢獄を訪問し、孤児や捨て子を保護し、娼婦や芸能人として働くことを強制されていた奴隷の解放を助け、役人による権力の濫用や基金の不正処理に介入したのであった。

もちろん、困窮者の援助にはより多くのことがなされた。四世紀末に、イオアンネス・クリュソストモスはアンティオキアで会衆に、あなたがたは自分たちの都市で飢えを根絶できると説いた。彼は統計情報は持たなかったが、教会の福祉リストは知っていた。カッパドキアで飢饉と戦っていたバシレイオスは、寄贈者を募るための説教に、ひとりの男に関するイエスの逸話をもちだした。その男の収穫は倉に収まりきらないほどの豊作だった。彼は余ったものを施しただろうか。否。この男は「倉を壊してもっと大きな倉を建てよう」と言ったのである。だが、その夜男は死んだのだった。

第4章　宗教

現在の歴史家の多くはなんの宗教信条も持っていない。彼らは信者という言葉もときにはよいこともあるとは認める。しかし、政治を別の言葉で言い換えた場合以外になぜ宗教に関心を抱く者がいるのか、あるいは、なぜ古代末期に関する書物や論文がこんなにも多く宗教に関心をはらうのか、理解しようとしない。しかし、宗教を削除してしまえば、柱頭聖人や砂漠の修道士のような古代末期の最も顕著で注目に値する特徴のひとつである、宗教変化を省略することになる。また、古代末期には聖遺物が崇敬される一方、神々や英雄の像は打ち倒された。そして、女性は部屋に引き籠るか、逆に長距離の巡礼の旅に出た。元老院議員は密儀宗教の秘儀に参加し、諸皇帝はどのような信条を宣言するか討議した。キリスト教徒の考案した三つの新しい制度がローマとポスト・ローマ期の社会を変容させた。共同体のリーダーとしての司教、修道的生活という新しい試み、そして皇帝が正統信仰、すなわち正しい信仰（ギリシア語でオルトドクシア）の主張を支持したことである。二十世紀後半に至るまで、キリスト教国、もしくはポスト・キリスト教国に生きる歴史家は、キリスト教の教義や実践に焦点を当ててきた。今では歴史家は、ユダヤ教やイスラーム、それにキリスト教徒が「異教徒」と呼んだ伝統宗教を含めて宗教と考えているし、より広く、当時の人々が神との関係をどう考えていたか、そしてそれは彼らの生き方において、どういう意味があったかも含めて考えるようになっている。

伝統的なローマの宗教においては、同じ人間が政治と宗教の指導者を兼ねた。神官職も公職のひとつで、説教と司牧に生涯を捧げる聖職ではなかった。神官は通常一年に一度、共同体の人々を集め、神々の加護を再確認する特別な儀式を行なった。諸都市は守護神と土着の儀式をもっていたが、これらの神々はすべて、パンテオン、すなわちひとつの集団と考えられた「すべての神々」に属するものとされた。非ローマ人の諸民族の神々も、通常はこの神々のひとつと同一視された。たとえば、ユピテル・ドリケヌスがシリアの都市ドリケの神であったように。ギリシア人やローマ人の学者のなかには、ユダヤ教徒の神もユピテルと同一と考えるものもいたが、ユダヤ教徒は異例にもほかのいかなる神も認めることを拒否した。それは、非ユダヤ教徒の支配者が非ユダヤの信仰を押しつけようとしたときには暴力をもってでも抵抗する者が現れたほど激しかった。ユダヤ教徒は彼らの神々の像を作らず、唯一の神に唯一の神殿で犠牲を捧げる点が他と異なっていても、ほとんどの支配者は、ユダヤ教を古代の伝統のひとつであると認める分別をもっていた。大反乱の末、西暦七〇年にローマ人が彼らの神殿を破壊したので、古代末期にはユダヤ教徒は犠牲を捧げることができなかった。しかし、哲学者の幾人かはこのことでユダヤ教はより称賛すべきものとなったと考えた。なぜなら、神々は犠牲を必要としないからである。

古代末期にはキリスト教の著しい発展がみられた。ユダヤ教の周辺集団からローマ帝国の支配的宗教にまでのし上がったのである。キリスト教徒の司教は共同体のリーダーとして認められ、説教や福祉の提供で膨大な数の人々に影響を与えることができた。だから皇帝には司教の支持を欲するもっともな理由があったし、司教の側も宗教論争における皇帝の支持を求めていた。説教には、男性にも女性にも、家族を捨て社会的責任も放棄して、禁欲修行生活（ギリシア語でアスケーシス）に向かわせられるほどの力があった。そして、キリスト教の著作家はその選択をした者について、センセーショナルな記事を書いて流布させた。同時に説教は、群衆をユダヤ教徒や異教徒、異なる見解をもつキリスト教徒などの対立する者に対するデモンストレーションに駆り立てることもできた。唱和しつつの行進に始まったデモンストレーションは、襲撃や破壊に終わることもあった。四世紀半ば、アレクサンドリア司教アタナシオスが港湾労働者を動員していると反対者に主張されたため、穀物船はローマから離れることができなかった。それは事実ではなかったかもしれないが、ありそうな話だった。アタナシオスは七度にわたってエジプトから追放された。ある時は時の皇帝の好みでない神学的見解を持っていたため、またある時は暴力や着服の容疑によるものであった。こうした非難はローマの修辞学ではお決まりのものだったが、キリスト教論争でも広く用いられていた。

ギボンは宗教、とくにキリスト教はローマ没落の主要原因であったと考えた。なぜなら、宗教共同体は帝国に寄与したはずの人材のエネルギーを吸い上げてしまったし、また宗教とは不寛容を意味していたからである。兵士や行政官僚や生産者になったであろう人々が、「怠惰な口」になった。キリスト教徒は宗教的熱情は言葉および物理的な暴力を正当化すると主張した。また、キリスト教徒皇帝は非キリスト教徒を財産没収や追放、場合によっては処刑までして脅した。しかし、ギボンも多くのほかの歴史家も、古代末期における宗教の重要性を過大評価してきたかもしれない。それは彼ら自身の考えゆえであるが、同時に文献史料ではキリスト教徒の著作が中心となっているうえ、それらの著作は教会会議や神学論争、司教選挙に重きを置いていて、あたかもこれらが忙しい皇帝の最優先課題であったかのようなありさまだからである。しかし、史書や年代記、説教集や神学的専門書、それに教会会議の報告書や聖人伝や殉教者伝が残っているのは、キリスト教徒の読者がこれらの書物を大切に扱ったからであり、修道院共同体が写本を作成するための労働と材料を備えていたからでもある。

ほかの宗教からのテキストも残ってはいるが、キリスト教のテキストほど多様ではなく、それらの時間的、空間的背景を特定するのはずっと難しい。ローマ帝国およびペルシア帝国のユダヤ教学者はタルムードを作成し、エルサレム版とバビロン版の二つが残っている。現在の形は遅くとも六世紀末のものと思われ、三百年にわたるユダヤ教の法と聖書に関する議論を伝え

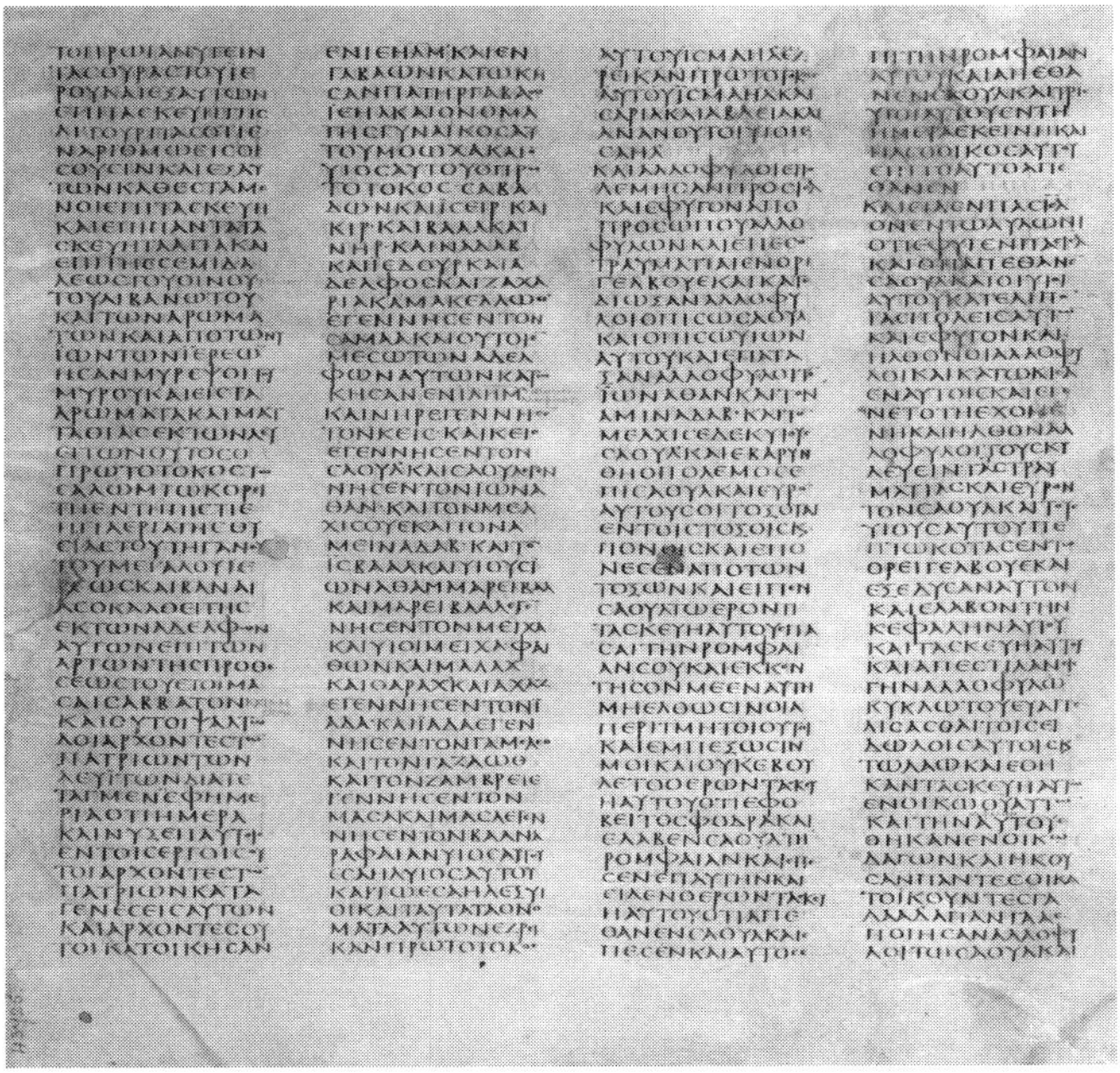

5　シナイ山写本の1.ページ。聖書の完全なギリシア語テキストのひとつである。

ている。七世紀初頭から八世紀初頭にかけての初期イスラームの伝統もまた複雑で年代決定が難しく、どのようにクルアーンが形成されたかが、学者間の議論になっている。キリスト教、ユダヤ教、イスラームの三つの教えは、信仰の中心に聖典があるため、「啓典宗教」として知られている。しかし、古代末期は本の時代であり、これ以外のテキストも知恵の源泉とみなされていた。哲学者は、神と宇宙に対する自らの解釈を発展させる道筋として、プラトンの著作に関する注釈書を用い、いかにして不死なる魂がこの世の雑駁な物質的存在から、神とともにある真の家に戻れるかを探求した。ある者は、真の知恵はずっと古い時代の教えを伝えていると彼らが信ずるギリシア語テキストに隠されていると考えていた。たとえば、エジプトに帰されるヘルメス文書群や、バビロニアに帰されるカルデア人の神託などである。

大変影響力のある書物が残っているが、こうしたテキストはみな、少数派の集団に由来するものかもしれない。すべての、あるいは大半の人々がこれらの書物の視点を共有できたわけではないからである。とくに、教育にかなりの金がかかり、ある試算によれば基礎的な識字率すら一〇パーセントに満たない時代においてはそうであった。しかし、集団のなかで読むことのできる人がひとりいれば、ほかの者は聞くことができるし、書物だけが唯一学びに至る道ではない。キリスト教の教会は、ギリシア・ローマの神々の神殿にも哲学者の講義やセミナーにもなかった類の教育を提供した。キリスト教の聖典なら本屋でも購入できたし、写本も自由で、教会に行けば誰でも無料で説明が受けられた。日課や週課となった説教では、道徳の教えや災害の受けとめ方も説かれた。蛮族の侵入は罪への罰であり、飢饉はキリスト教徒の慈善を必要とし、そのいずれもが生きのびた者に信仰の覚醒をうながすものであった。ただし、どれだけ多くの人々がこうした説教を聞いたかはわからないし、聞いた人のどれだけが実際に行動に移したかも不明である。

教会と寄進者は、祈りと修養の生活に入ろうと望む人々を物心両面で支えた。ここから新しい選択肢が、とくに女性に対して開かれた。女性は、社会経済的状況によって別の選択を強いられないかぎり、結婚して家を守り、子どもをもうけることを期待されていた。男性も結婚を当然とみなされていた。哲学者は学生たちに、賢明な男性は両親に孫を、居住する市に市民を、そして、神々に新しい世代の信者をもたらす義務を負っていると教えた。結婚は哲学から気を逸らすものであるように見えるが、家庭に対する責任は、他の人々と協働して実践する、「政治的」美徳の訓練となった。性的欲望はこれらの講義で目立ったテーマではなかった。というのも、賢明な男なら欲望をすべてコントロールでき、妻が自分に対するのと同じく、妻に忠実であるべきだったからである。しかし、キリスト教徒のなかには、神への誓約を身体で示すものとして、また欲望の強迫からの解放として、生涯にわたる処女・童貞の生活か、もしそれがかなわなければ独身の生活を女性にも男性にも説く者がいた。アウグスティヌスは、結婚の価値を下げないよう慎重に考慮した（結局、神がそれを発明したのだから）が、それでも結婚を次善の策とみなしていた。彼は家庭を支配的関係から作られるものと考えていた。夫と妻、親と子、主人と奴隷である。修道生活はそれに代わる、兄弟もしくは姉妹たちの生活を提供した。

ギリシア語で「修道士」を現わすモナコスは、「独居」という意味での「単独」を意味するモノスから来ている。モノスはまた、「統合された」という意味での「単独」も意味しうる。それは多様性や混乱と対照をなす概念であった。禁欲苦行者のなかには孤住生活を試みた者もいたが、共住生活の共同体は規律と模範、隣人愛の実践、より効果的な貧者への救済を提供することが経験から判明した。カエサレアのバシレイオスは、修道士は自分の一着しかない外衣を困っている誰かに与えるのではなく、衣料調達の任を負う兄弟を探すべきだと言った。ギボンは黒衣の穀潰しに対する異教徒の不平を読んで、修道士が自身を支え貧者を助けるために為した仕事を過小評価したのかもしれない。エジプトではコンスタンティヌス帝の時代に、パコミオスがパイオニア的な修道共同体を設立した。それらの集団は集団農業に成功し、養うべき家族がいないので貧民向けの余剰生産も生み出した。アントニオスの例に倣って、砂漠、すなわち未開墾の地に隠遁した修道士の場合も、精神集中の手段としてイグサを編み、また生活の糧や貧民救済のために籠を作って売った。幾千もの人々が仕事と家族を捨てたというキリスト教テキストの主張を、ギボンはあまりにも簡単に受け入れてしまったのかもしれない。四世紀末のミラノで、アンブロシウスが市壁の外側に「よき兄弟たち」の共同体を建設していたが、アウグスティヌスはこれに気づかなかった。六世紀のエジプトやシリアでは、村落の周辺に大きな修道建築群が存在したが、それでさえ地元の人口のほんの一部に過ぎなかった。

宗教的不寛容もあまりにも過大視されがちである。恐ろしい論争や強い調子の法がテキストとして残ってはいるが、大半の民衆は、ほとんどの時間、隣人と平和に暮らしていたのである。皇帝がいかに熱烈に異端を糾弾しようと、また司教たちがどんなに雄弁に語って、民衆を地域の祝祭に行かせないように、また子どもが病気のとき異教やユダヤ教の魔術を使わないようにさせようと試みても、無駄であった。教会の会衆は、司教たちが望むよりもずっと柔軟な視点でキリスト教の生活を見ていたことが、説教からうかがえる。しかし、宗教はなおアイデンティティを確証する力強い手段のひとつであり、とくに、生み出されるかもしれない、あるいはより目立つようになるかもしれない別のアイデンティティに対抗する力になった。対決の時代には、民衆は異教徒やユダヤ教徒、異端などと分類され、自分たち自身でもキリスト教徒、カトリック教徒、正教徒などと等級分けした。しかし、これらすべての定義も疑問視されるようになってきた。

アイデンティティと対決

キリスト教の殉教者は、その伝記によれば、裁判官に名前と身分を尋ねられた際に、「私はキリスト教徒だ」とだけ答えることがあったという。これは選択したアイデンティティであって、民族や市民その他生来のアイデンティティではなかった。誰も「私は異教徒だ」と言わなかったのは、「異教徒」というのが、非キリスト教徒に対するキリスト教徒側からのさげすんだ用語だからである。それにあたる最も近い表現は、「私はいつも神々を崇めてきた」で、これはごく当たり前のことと見なされていた。しかし、三世紀半ばの内戦状態のなかで権力を得た皇帝デキウスは、帝国の全住民に神々への供犠を命じた。しかも単に祭礼に参加するだけではだめで、神酒を口にし、犠牲獣の肉を食さなければならず、彼はさらにその証明書まで求めた。

その証明書はエジプトの乾いた気候のおかげで何枚か残っている。戸口調査の記録と同じく、書面には犠牲を捧げた人物が、名前、身体的特徴、居住地、身分で示されている。証明書は供犠を行なった者が、常に神酒と供犠で神々を崇めてきたことを証明し、さらに関係官庁の役人に、彼もしくは彼女が再度供犠を行なったことを認証するよう要求している。いくつかの証明書は、おそらく一家族らしい数名の人々をまとめて載せており、カルタゴ司教キュプリアヌスの書簡からは、じっさいに犠牲を捧げていない人々も証明書を得る抜け道を発見していたことが見て取れる。だとしても、ローマの役人が「帝国の全住民」に対応できたと考えるのは難しい。キリスト教の著作家は、いかなる神にも犠牲を捧げないキリスト教徒がデキウスと彼の後継者ウァレリアヌスの真の標的だと考えたが、デキウスとウァレリアヌスは、キリスト教聖職者に限定して攻撃するよう命じていた。しかし迫害は、彼らに言わせれば高くついた。デキウスは戦闘で死んだ最初のローマ皇帝になったし、ウァレリアヌスは生け捕りにされた最初の皇帝になった。ペルシア人の王シャープールは彼を皇帝の紫衣のまま鎖でつなぎ、馬に乗るときの踏み台に使ったのである。

三世紀の末、ディオクレティアヌスはマニ教徒を非難した。彼らの預言者マニがメソポタミア出身だったので、ローマの先祖伝来の美徳を掘り崩すペルシアの不吉な勢力とみなしたからである。数年後、戦況がはかばかしくなかったからか、ディオクレティアヌスはキリスト教徒も非難した。修辞家として宮廷で教えていたキリスト教徒であったラクタンティウスは、コンスタンティノープルのキリスト教徒宮廷人たちは義務ゆえに犠牲を捧げる式に出席はしたが、十字の印を切って悪魔から身を守ったと述べている。非キリスト教徒にとって、死にゆく男を記念する印を切ったりすれば、神々が犠牲の祭礼のなかで自らの意志を示さなくなるだろうことを意味した。不死なる神は死すべき定めとなんの関係もないからである。ディオクレティアヌスは教会と聖書の破壊を命じ、拷問から守られる地位や身分をキリスト教徒から剝奪した。キリスト教徒に「大迫害」として知られるこの政策は、帝国内の地域によって異なった効果を有した。教会史家エウセビオスは、故郷パレスティナにおける身の毛もよだつ死を報告している。その地で彼自身の恩師も拷問にかけられて命を落とした。のちに起こるドナティスト論争において、それぞれの迫害が詳細にわたって伝えられた北アフリカでは、処刑もあったが、キリスト教徒がおもに要求されたのは聖書を引き渡すことで、当局はときに聖書以外でも見事な出来映えの本を没収した。ブリタニアやガリアでは、コンスタンティヌスの父コンスタンティウス・クロールスがいくつかの教会を破壊したが、それ以外にほとんど何もしていないことは明らかである。

コンスタンティヌスの兵士たちは、三〇六年にエボラクム（現ヨーク）で彼を皇帝と宣言した。六年後の三一二年、ミルウィウス橋の合戦の勝利をキリスト教の神の力によるものとして、コンスタンティヌスは三一三年ミラノ勅令で迫害の終了と崇拝の自由を宣言することができた。四世紀を通じてキリスト教と伝統宗教とのバランスは変化し、息子のコンスタンティウス二世は公共の場での犠牲を断罪して、それを父の先例に倣ったものだと宣言した。片やキリスト教徒には「背教者」として知られるユリアヌスは宗教の自由を宣言し、キリスト教徒の論争にかかわるのを拒否し、伝統的な犠牲の儀式復活を試みた。それが、四世紀末にはテオドシウス一世がすべての異教信仰の表明を禁じて、家庭の神々の前で香を焚くことすら禁止した。しかし、キリスト教諸皇帝は、宗教にこだわらない約束をしたし、六世紀に入ってユスティニアヌスが異教徒とユダヤ教徒と異端を公職から追放したときも、彼らはただちに残酷な公開処刑の危険にさらされたわけではなく、じっさいの処罰の事例もほとんどなかった。異教徒に対する迫害は、それにさかのぼる西暦最初の三百年間のキリスト教徒に対する迫害と同様、地域の危機であるとか、誰かが敵を攻撃する口実にした場合など、特定の時と場所で起こった。

異教徒殺害のもっともおぞましい事例は、法律で認められたものではなかった。アレクサン

6　殉教者聖人。おそらく聖ラウレンティウスと思われ、本箱とともに描かれている。

ドリアには、宗教や文化アイデンティティを主張する集団のあいだで争いを繰り返す長い伝統があった。ユダヤ人とギリシア人、異なる神学や忠誠心をもったキリスト教徒、それに哲学者とその学生たちは、修道士と兵士がいっしょになってセラピス神殿を攻撃したとき、防衛のために駆けつけた。四一五年に死亡したヒュパティアは、きわめて異彩を放つ女性であった。哲学者テオンの娘で、哲学者と結婚して節度ある生活を送ることを期待されていたかもしれない。しかし彼女は結婚せず、哲学を教え、役人たちのいる公共の場へ姿を現した。それらは伝統的に男性のものとされていた活動である。彼女の権威を讃えたキリスト教歴史家のソクラテスによれば、キリスト教徒の群衆の一派が、都市長官オレステスと総主教キュリロスの不仲をヒュパティアのせいにした。そして彼女を捕えて教会に連行し、衣服を剝いで、皮膚を陶片と貝殻でえぐり取ったという。五世紀においてさえ、この死はたいそうショッキングなものだったため、対立するキリスト教徒の集団同士、この件について非難しあった。七世紀にコプト教会の著作家ニキウのイオアンネスは、ヒュパティアは悪魔にそそのかされた異教の魔術師であり、オレステスを誘惑して教会から引き離したので、彼女の死の首謀者は公的地位を得たし、彼女は皮をそがれたのでなく、市中引き回しで死んだのだ、と主張している。

キリスト教徒に対する迫害はキリスト教徒皇帝の時代となっても終わらなかった。というのも、正しい信仰とは何かをめぐっての争いが、殉教した指導者の記憶を呼び起こす暴力的な攻撃に発展することがあったからである。ときに皇帝は秩序を回復しようと試みて、公会議で一致した宣言を押しつけ、議論に終止符を打つよう命じ、書物を公に焚書にした。しかし、この政策のどれひとつとして効果を挙げたためしがなかった。皇帝たちが宗教論争に介入したのは、それらが政治的側面を持つことが避けられなかったからである。コンスタンティヌスは東帝国を支配下に置いた直後にその先例を作ることになった。三二五年、彼は司教たちを小アジア北部のニカエアへ召集し会議を開いた。そして、父なる神とイエス・キリストの関係について、一致した宣言で用いる信条を彼らに与えた。かつての迫害時代を生きたエウセビオスは、皇帝が着席の許可を求め、彼の部隊が司教たちの名誉を守る護衛隊となっている会議に出席する体験に感動している。しかし、彼は自分の会衆に、なぜ一致した宣言と敵対者に対する拒絶を受け入れたのか、説明するのになお苦労していた。「彼を破門に！」とは、つまり呪われろということであった。

幾人かの歴史家は、コンスタンティヌスが厳しい神学論争を見てショックを受け、かつての皇帝たちが神々に対する尊敬で帝国をまとめようと試みたように、この論争の解決を自分の責任とみなしたのだと考えている。コンスタンティヌスが神学論争は神学者の手に委ねるべきだと語った際、彼は神学を軽視していたわけではなく、むしろ真剣に関心を寄せていたと歴史家たちは考えている。コンスタンティヌスは哲学者の論争と比較していた可能性もある。アウグスティヌスが指摘しているように、哲学者とは、誰も問題解決の必要を感じていないのに人生のあらゆる面に口出しし、異論を呈するような人々であった。ほかの歴史家は、神学論争への関与はコンスタンティヌスの支払わねばならない対価であったと考えている。キリスト教司教から実際上もレトリックの上でも支持されており、とくに滞った法的訴訟を片付けるのを助けてもらっていたからである。

いずれにせよ、コンスタンティヌスが皇帝介入の先例を作ったことは、対立をより悪化させた。ニカエア決議に署名できない司教の幾人かは追放され、より多くのキリスト教徒がニカエア神学を受け入れることができずに、元の指導者と伝統に忠実であり続けた。彼らには「アレイオス派」というレッテルが張られた。ゴート人の大半はこの派に属したが、これはゴート人がアレクサンドリアの司祭であったアレイオスと直接接触があったからではなく、彼らの元を訪れた宣教師がアレイオスに似た見解を持っていたからである。ニカエア公会議から六十年後、アウグスティヌスがミラノ滞在中のころ、まだ年端のいかない皇帝を警護していたゴート人が、権力を握っていた母后ユスティナの支持も得て、ある教会でアレイオス派の典礼が可能となるよう要求した。ミラノ司教のアンブロシウスはこれを拒否した。アウグスティヌスの母モニカも含むアンブロシウスの会衆は問題の教会を占領し、皇帝の紫の布の標章を下げた兵士が到着しても意気盛んに、アンブロシウスが東方教会の友人から学んだ聖歌を合唱して抵抗した。アンブロシウスはこの対決に勝利したが、ゴート人はアレイオス派であり続けた。ポスト・ローマ期の西ヨーロッパの諸王国は「アレイオス派」か「カトリック」かで政治的忠誠が色分けされていた。そして、トゥール司教のグレゴリウスは、もし誤ったキリスト教の教派の者が洗礼を施したら、赤子は死んでしまうかもしれないと主張した。

北アフリカでは、二つのキリスト教集団がいずれもコンスタンティヌスから基金を提供された真のカトリック（すなわち、普遍）教会であると主張していた。それぞれの集団は互いに相手を非難して、ディオクレティアヌス治下の迫害時代に聖書を裏切り、宗教上の問題を扱うのに国家権力を引き込み、相手の集団の構成員を卑しめ、傷つけ、殺害したと言った。四一一年、一世紀におよぶ長い争いののち、論争解決の最終的な試みのために帝国官僚がカルタゴに送られた。残っている公式記録によれば、どの勢力も可能なかぎり人数を増やそうと、村々や農場ごとに司教を立て、あらゆる可能な法手続きを利用し、また誰もが争いの苦い思い出を持っていた。アウグスティヌスは、「ドナティスト」（ドナトゥスという指導者の名にちなむ）と呼ばれた集団への反対運動に積極的であった。彼に言わせると深刻な神学的相違があった。というのも、ドナティストは隣人を愛することを拒否したからである。彼らは、罪びとは教会の一員にはなれない、ノアの箱舟が純粋な、選ばれた被造物のみを荒海の世界を越えて運んだのと同じだというのである。アウグスティヌスは教会は海中の網と同じだと考えた。我々は世の終わりまで誰がこの網の中にいるか知ることはないのである。四一一年にドナティストは敗北したが、彼らの教会は存続した。こうした分裂のせいで、二十年後にやってくるアレイオス派のヴァンダル人による北アフリカ侵略に抵抗する力が削がれた可能性はある。

東帝国では、宗教上の分裂はさらに大きな影響を及ぼした。ニカエア公会議の仕事を完成すべく、四五一年にカルケドン公会議が行なわれた。もともとはニカエアで開催予定だったが、皇帝マルキアヌスが蛮族の襲撃にも対処する必要があったので、よりコンスタンティノープルに近い場所に集まるよう司教たちに頼んだのだった。今回もまた一致した信条宣言に賛成の署名をしなかった司教たちがいた。彼らには「単性論派」というレッテルが貼られた。というのも、キリストは神と人間の二つの性質を持つのでなく、単一《モノス》の神の性質《フュシス》のみを持つと解釈しているとみなす者もいたからである。ただし、ここで「単一」と訳されたモノスという言葉は「統合された」という意味のほうがより正しかっただろう。神学的相違は言語によってさらにややこしいことになった。ギリシア語では意味をなす単語の区別が、中東で広く使われていたシリア語では意味をなさず、論争者が西方教会に支持を求めたとき、ラテン語でも同じ問題に突き当たったのである。ニカエアでそうだったように、多くのキリスト教徒は聖書の言葉をギリシア哲学の語彙に置き換えるのは誤りだと考えていた。そして、自らの伝統と指導者とともにあり続けることを選んだ結果、「単性論」的な伝統は東方正教諸教会の中に続いたのである。カルケドンから一世紀後、ユスティニアヌスはなおも誰もが受け入れられる信条を見出そうと試みていた。ヴァンダル人から北アフリカを取り戻したとき、ユスティニアヌスはその宗教政策に対するアレイオス派とカトリック両方からの抵抗に対処しなければならなかった。それからさらに一世紀のちの六四〇年代に、皇帝ヘラクレイオスもまたひとつの信条を見出そうと苦労していた。宗教的分裂がアラブ侵入軍への抵抗を弱めたうえ、臣民のある者はローマ皇帝を真の信仰の敵とみなしていたからである。

影響

宗教はアイデンティティを確かなものとすることができる。影響を及ぼし維持する手段のひとつでもある。伝統的ローマの神官職に就いた上層階層のメンバーは、共同体のなかで指導的な役割を果たすことが期待されていた。犠牲と祝祭に出費することも可能で、その際には舞台パフォーマンスやショー、それに市民へのふるまいもともなっていた。キリスト教諸皇帝が犠牲を禁止したときも、祝祭は娯楽と結びついて継続したし、神殿は遺産として維持された。

すべての迷信は徹底的に根こそぎにされねばならないが、それにもかかわらず我々は、市壁の外に位置する神殿建築群は無傷で、損傷されることなく残るように希望するものである。多くの見世物や戦車競走や競技《アゴーン》はここに起源を有しており、ローマの民衆に伝統的な楽しみを提供していた場所を壊すのは正しいことではない。〔『テオドシウス法典』第一六巻一〇章第三法文〕

コンスタンティヌスの息子コンスタンティウス二世は、この法律を三四二年に発布した。この基本政策は継続したが、官僚は熱狂的な地域住民の一党が神殿や神像を攻撃するのをときに促進し、ときに見逃していた。たとえば三八〇年代には、伝統的な宗教と哲学教育の中心地であるシリアのアパメア市で、ゼウス神殿を襲撃する試みがあった。その地の軍司令官は、建物が頑丈なため壊せないと決めてかかっていたが、主教マルケッルスは地域住民の労働力を使って、少なくともある程度の効果を挙げた。主教はさらに攻撃の矛先をほかの神殿にも向けようとしたが、そちらの地域の住民が防ぎ、マルケッルスのほうが捕えられて火に投げ込まれるはめに陥った。小アジアのアフロディシアスでは、異教の目に見える文化への敵意はより選択的であった。都市の守護神アフロディテ（ウェヌス）は英雄アエネアスの母とされ、またユリウス・カエサルの先祖ともされていた。ローマとその諸皇帝の名誉を讃えて、神殿に導く二本の列柱道が作られ、すべての建物の正面は諸皇帝や英雄や神々を記念する浮彫彫刻の列で飾られていた。七世紀半ばまでに列柱道路のひとつは商店街に再利用され、もうひとつは倒壊していた。浮彫彫刻についていえば、選別されて丁寧に削り取られたうえで保存された。たとえば、裸体像の男性器や女性器は切除された。皇帝や伝説の主人公には手がつけられなかった。しかし、神々の顔は石のみで削り落とされた。アフロディシアスはスタウロポリス、すなわち「十字架の都市」と改名された。

たとえ犠牲がまったく行なわれなくなっていても、あからさまな異教崇拝が見られなくなっていても、伝統的な祝祭が道徳や魂への脅威になると考える司教もいた。司教たちは常に会衆を納得させていたわけではなかったが、そう試みていた。記録されているアウグスティヌスの一番長い説教は、読み上げるとたっぷり二時間はかかるもので、その地で上演されていた芝居が間違いなく終わったと確信するまで続けられた。アウグスティヌスは聴衆に、役者のファンではなく殉教者のファンになれと迫った。結局のところ、なぜ彼らは法的にも社会的にも貶められた職業にこんなに熱狂的になるのだろうか。彼は聴衆に問いかける。もし、あなたが友人にこんなことを言ったなら、どんな反応が返ってくるか想像してみなさい、と。「君は役者が本当に偉大だと考えているのだね。よろしい。君の息子が大きくなったら彼のようになることを願っているよ。」

教会の儀式はこうした芝居や祝祭に対抗する見世物だった。資金が豊富な教会は光と色彩に満ち溢れ、オイル・ランプの群れが放つ光が、周囲に配置された銀の円盤の数々に反射してきらめいた。金の刺繍が施された貴重な織物が吊るされ、聖人や寄贈者や聖書物語を描いた壁面や床のモザイクの極彩色の切片は、光を捉えて輝くように切り出されていた。ローマの諸教会に対するコンスタンティヌスの寄進には、燭台とランプの燃料としてオリーブ油を安定供給するための農場まで伴っていた。イオアンネス・クリュソストモスは、ある殉教者の聖遺物をコンスタンティノープルから沿岸沿いのとある教会へ移送する旅を描写している。この移送式には皇后も駆けつけ、首都コンスタンティノープルは人が出払ってしまい、逆にこの沿岸部は松明の列が光の川のようになった。咎めるような調子の説教ではあるが、その証言からは徹夜課と殉教者祭が伝統的な祝祭と同じぐらい騒々しい集いの機会となったことがわかる。ノラ司教のパウリヌスは、禁欲修道生活のために財産と地位を手放したことで知られる、数少ないローマ貴族のひとりであった。彼は、キリスト教の祝祭で動物が屠られて焼かれるのは、犠牲ではなく殉教者を讃えて提供されているのであり、貧しい人々と分かち合うためのものだと注意深く説明している。彼によれば、幾人かの農民が聖フェリクスを讃えるために、ものすごく太った豚を連れてきた。人々の足に豚がついてこられなくなったので、豚は道端に置き去りにされた。ところが、人々が殉教者聖堂に到着してみると、件の豚はすでにそこで待っていたのである。

7　サンタ・コスタンツァ教会のバシリカ、ローマ。巨大な建築物だが、光に満ち溢れている。

教会はまた殉教者の試練と死をドラマチックな読み物にして提供し、感情を強く込めて説教した。どれだけの民衆がやってきて、どのように感じたのかはわからない。残っているのは教会指導者の言葉だけだからである。しかし、生の聴衆の反応について簡略にまとめた史料もいくつかある。二十世紀後半になって再発見されたアウグスティヌス説教集のひとつでは、会衆が前日のふるまいについて説教されるのを拒否し、「ミッサ、ファクー ミッサ、ミッサ、ファク！」（ミサを、ミサを、ミサを行なえ！）と唱和している。説教のよいところは、それが専門化した雄弁術であり、普通は高くつく文芸や哲学教育をただで提供したことだった。ヒッポの町では誰でも教会に行けば、かつて帝国首都ミラノの修辞学教授だったアウグスティヌスの説教を聞くことができた。同様に、カッパドキアのカエサレアではもうひとりの説教の達人、バシレイオスの説教をただで聞くことができた。彼なら高等教育や帝国官僚の仕事でもこなせたはずであった。レベルの点で対極にあったのがアルル周辺地域の聖職者たちで、彼らの説教があまりに下手だったため、司教カエサリウスはかわりにアウグスティヌスによる説教を読み上げるよう、写本を彼らに配った。それでも少なくとも、都市を超えて広がろうとする努力はあった。アウグスティヌスのいた北アフリカでは新ポエニ語が現地語だったので、アウグスティヌスはポエニ語を話せる聖職者を探した。多くの地域でキリスト教の説教や聖書の翻訳や神学的著作は地域言語を使用した。ゴート語とアルメニア語のアルファベットは聖書の翻訳のために考案され、ギリシア文字で書かれたエジプト語であるコプト語も、キリスト教テキストの作成と深く結びついていた。

力強い説教を行なえる司教は自らの福祉事業対象者のリストに多くの人々をかかえ、官僚や名門家族と個人的なコネを持ち、同じく力強い演説をしコネや庇護民を有する政治家並みの影響力を行使した。彼は会衆に福祉基金に出資するよう求めることができた。また、司教はコンスタンティヌスから与えられた裁判権も有した。もっとも、アウグスティヌスに言わせると、これは痛しかゆしであった。判決の前には誰もが司教を讃えるが、判決が下されると、富者を喜ばすにも貧民の保護者とみるにも足りないとして、一方の側から非難されるというのである。現地の総督も司教が宗教的抗議や唱和する群衆を呼び集める能力を計算に入れなければならなかった。司教はときには公共浴場の筋骨たくましい従業員やいつでも死ぬ覚悟のできている頑強な修道士によって支持されていた。

宗教は、金銭やときには命すら捧げるほど信条やふるまい、意志に影響を与える、修辞の力を開拓できる。しかも政治よりも強い心理的動機となりうる。しかし、現存する証拠を見る限り、古代末期は、宗教的争いと世捨て人の禁欲修行者、影響力ある司教、自己のアイデンティティを宗教信条に置く民衆で満ちていたわけではなかった。「世俗《セキュラー》」という英語は、キリスト教徒が来るべき来世と対比させたサエクルム、すなわち「現世」というラテン語から来ている。つまり、宗教にほとんど影響されない世俗生活を生きることも可能だったのである。

第5章　救われるために我々は何をなすべきか

宗教を政治の一局面として捉えるのは近代の考えである。古代末期から残っている多くの史料で関心が示されるのは、神と人間の関係としての宗教である。救われるために我々は何をなすべきか。すなわち、我々の魂を死や堕落から救うためには何をなすべきか。ギリシアの伝統は「お前は死すべきものであることを忘れるな」と語った。しかし、プラトン哲学は「お前は不死であることを忘れるな」と語った。つまり、お前は死すべき肉体に宿った不死で理性ある魂なのだということを忘れるなと言ったのである。どのような生活スタイルが、そしてどの神々がこの魂の、不死なる霊的存在の仲間への帰還を助けることができるのであろうか。伝統的宗教は神々を讃えるのに犠牲を捧げたが、はたして神々は死んだ動物にしろほかのものにしろ、人間が与えることのできる供物などほんとうに欲しがっているのか。神々に関する純粋な思索以外にこれらを本当に求めているのか。伝統的な神話は神々に関する純粋思想を提供しなかったし、プラトンは『国家論』の中で、詩人は神々について嘘をついていると論じた。ホメロスの神々は一致することがなく、死すべき者と恋愛関係をもち、気に入った人間を支持して互いに争い、そしてそのお気に入りが死ぬと悲しむ。しかし、〔プラトン哲学の考えでは〕崇拝に値する神はただひとつで、完全な善であるに違いなかった。

アウグスティヌスはプラトン主義哲学者のことを、神と世界について真実と非常に近いところまで来たが、イエス・キリストという神の賜物も、人間に道徳的努力を可能とさせる絶え間ない助けという神の賜物も、理解できなかったと考えた。アウグスティヌスに言わせると、哲学者は仲間の市民に対する義務においても失敗している。プラトン主義の哲学者は、神々は人間の作ったイメージに似ておらず、血の犠牲も欲しないと教えたにもかかわらず、偶像に犠牲を捧げた。つまり彼らは公共の場で行なうことと、私邸で学生たちに語ることが異なっていると非難したのである。ただし、この攻撃には答があった。ギリシア・ローマ宗教の古代の伝統と、それらの神々と結びついた物語や儀式、イメージは、ほかの古代伝統と共有する深い真実の表現と解釈できるというのである。

広く用いられた解決案のひとつは、多くの神々はひとつの神の異なる側面や代理人であり、宇宙の異なったレベルや異なった文脈で作用しているというものだった。

オリュンポスの山が神々の住まいであるとギリシア神話にありますが、確証されてはいま

8　あの世を凝視する哲学者。

せん。しかし、わたしたちの町にある広場が恵みある神霊たちの群れによって占められている、とわたしたちは見ており、それに賛同しています。そして、実際、一人の最高の神が存在しており、始めなく、自然による子孫がなく、偉大にして気高い父のようであるという、確実な真理を否定するほど愚かで乱心した人がいるでしょうか。わたしたちは造られた世界に広がっている神の諸々の力を多くの名称をもって呼んでいます。というのはわたしたちは皆、神の本当の名前を確かには知っていないからです。実際、「神」はすべての宗教に共通する名称です。こうしてさまざまな公の祈禱式によって、いわばご神体が分散的に崇められているのに、わたしたちは神の全体を礼拝していると確かに思っています。〔アウグスティヌス『書簡』一六〕

これはマダウラのマクシムスの手紙の一部で、アウグスティヌスに書き送ったことから今に残っている。マクシムスはアウグスティヌスが学校に通っていたころのアフリカの町で、文学の教師をしていた。彼は多くの神々がひとつの神のいろいろな側面であることは「誰でも知っている」と主張できた。なぜなら、教師たちはウェルギリウスや、ギリシア語が話されている地域ならホメロスを使って、学生たちにそう教えていたからだ。キリスト教歴史家のオロシウスによれば、この解釈がきわめて一般的となっていたので、異教徒はキリスト教徒の議論と対峙したときに、「我々は多くの神など信じておらぬ。ただひとつの神に従う多くの使者に敬意を払っているだけである」と語るほどであったという。

プラトンは『饗宴』の中で、神々と人間のあいだを仲介する存在があると示唆した。後世の哲学者はこれを発展させた。彼らは、神々は宇宙の最も高い層で非物質的な火、エーテルの中に住んでいると考えた。太陽と星は目に見える神々であり、物質的な火でできている。エーテルと火の下には大気の層があり、大気は下に行くほど霧のように濃く、湿ったものとなり、ついには凝縮して水となる。最下層は大地である。人間の体は濃く、湿って死すべきものであるが、神々に理性ある心を与えられているので、宇宙を理解するための道筋を考えることができる。そして、個別から原則へと移行するにしたがって、神の思考に近い考えをするようになるのである。我々の魂は星々のあいだの不死なるものへ上昇することが可能である。たぶん、魂は銀河の中に見出される。我々人間と神々のあいだにはダイモーネース〔ダイモーンの複数形〕がいる。人間は理性ある死すべき者だが、ダイモーネースは理性があるうえに不死でもある。しかし、神々が肉体を持たないのに対して、ダイモーネースはきわめて希薄ながら身体を有する。だから、我々はダイモーネースを見ることはできないが、彼らは宇宙の一番低い層で活動することができる。

ダイモーネースはどちらに行くこともできる。彼らは理性ある心で希薄な身体を掌握すべきである。そうすれば、ひとつである神と変わらぬ思考と目的をもつことになる。しかし、もし彼らが自身の欲望の支配するに任せたなら、彼らは人間にとって有害となる。これは悪いことが起こる有効な説明になり、三世紀末にプラトン哲学者のティルスのポルフュリオスは、この考えをさらに進めた。菜食に関する賛否両論を集めた著書『節制論』で、真の哲学者にとって適切な生活とは何かを考えようとしたのである。現代の読者は獣や鳥の知性と感情についての彼の考察に関心を抱くが、彼がそれ以上に言いたかったのは血の犠牲についてであった。なぜならその考察は、獣を殺して食することに神々は賛成しているという議論を提供したからである。ホメロスの神々には独自の食物と飲み物であるアンブロシアとネクタルがあったが、それでも犠牲式で火にあぶられた肉から立ち上る香りを喜んだ。ポルフュリオスの考えでは、犠牲を必要とする神々は詩人の創作ではなかった。これらの神々はダイモーネースであって、濃い、脂ぎった煙で彼らの空気のように希薄な体を涵養したのだ。つまり、彼らは人間をだまして彼らが神々だと信じ込ませたというわけである。

キリスト教著作家は「詩篇」〔九六章五節〕から「諸国の神々は悪霊（ダイモーン）だ*」と知っていたから、これらの神々が、たとえ限られたものにしろ、人をだまし、害を為す力を現実にもっているということを理解する素地は、十分できていたのである。キリスト教著作家たちはダイモーネースと、神に謀反を起こした堕天使たちとを同一視した。アウグスティヌスが言うには、彼の時代にはダイモーンというのは常に「悪霊」という悪い意味で使用されていたので、異教哲学者といえども、奴隷に向かって「お前にはダイモーンがついている」と言おうとはしなかったし、それは褒め言葉にはならなかった。しかし、アウグスティヌスはポルフュリオス後半生の同時代人イアンブリコスの著作を読んでいなかった。イアンブリコスは、宇宙の異なる側面をつかさどるダイモーネースに対しては、伝統的儀式がふさわしい捧げものだと考えた。アウグスティヌスはあからさまに性的な儀式を描写することで読者にショックを与えようとしたが、イアンブリコスはたとえ男根の象徴の行列であれ、卑猥な叫び声であれ、それは豊穣をつかさどるダイモーネースを讃えているのだと論じた。

＊〔訳注〕新共同訳ではヘブライ語原典から「むなしい」と訳されているが、「偶像」とする訳もあり、またギリシア語聖書では同箇所は「ダイモーニオン」もしくは「ダイモーナ」で、本書はその英訳に従っている。当時のキリスト教徒の共通認識ということであろうか。

それではイアンブリコスは、なぜ性や出産が宗教上のケガレを引き起こし聖なる大地から追放されるのかを、どのように説明できたのだろうか。彼によればこれらの禁忌は、理性ある魂が死すべき身体と結合するとき、神々の間にある本来の家から降りてこなければならないと認識することで、宗教的真実を表現しているのだという。しかし、プラトン主義哲学者がこの降下を常に、前世の罪に対する罰であるとか、身体に対する魂の欲望によって、あるいは魂自身が決めたとんでもない願望によって引き起こされた堕落であると解釈したわけではない。何人かの哲学者は、イアンブリコスと同様、神は理性ある魂を宇宙のそれぞれの層をつかさどるように遣わしたと考えた。身体と結びついた人間の魂はその起源を記憶していて、帰還に値するよう働くに違いない。したがって、自然な必要は満たされるが、行き過ぎた、不自然な願望には抵抗するように、理性は肉体の欲望をコントロールするはずである。知恵の愛好者たる哲学者は簡素に生きるべきだが、普通の男女は結婚し、子どもをもうけ、家庭をもつ市民となるのが妥当なことである。

イアンブリコスは学生たちに、社会的義務と結びつくことが可能な哲学的生活を提供した。彼はそのような生活を哲学者と呼ばれる最初の人物、ピュタゴラスにまで遡らせる。彼の主張によれば、ピュタゴラスの創建した共同体の家庭は財産を共有し、日課のなかに瞑想と鍛錬と討論を含んでいた一方、共同体の長は（昼食後）時間を見つけてその地域の都市の法律を考案した。ポルフュリオスは、少なくとも『節制論』のなかで、真の哲学者により厳格な生活を提案した。彼に従えば、真の哲学者とは身体の必要に煩わされることは最低限にすべく努め、簡素な菜食を最低限だけ食べる者である。哲学者が家庭や家族を持つよう勧める言葉はどこにもない。プラトンの言葉を借用するときも、都市の会議場に足を運ぶように語ることはなく、宴会で語られるゴシップとも無縁なので、自分が何を知らないか知ることもない。しかし、こうした哲学者は哲学者の間でも少数派であり、キリスト教禁欲修行者の極端な厳しさとはほど遠い。

キリスト教の修道生活は古代末期の社会革命のひとつである。修道志願の男女は、財産も地位も家族の結びつきも捨て、同性の者だけの独身共同体で生きた。彼らは個人の財産を持たず、祈りと聖書研究と貧民への配慮に献身する生活を選んだ。このような生活は、とくに女性にとってまったく新しい可能性となった。女性の伝記が書くに値するものとなったのはこれが初めてのことであるが、それは彼女たちの霊的努力が家庭生活より面白い題材だったからである。修道生活はまた大半の男性にとっても新しい可能性を開いた。哲学者にも結婚しない道を選んだ者が少しはいたが、数少ない宗教共同体の例はいずれも、異国文化の中にあった。エジプトの神官、ユダヤ教のエッセネ派、インドのバラモン僧である。社会的役割と同様に性差による期待もまた、キリスト教のイメージによる挑戦を受けた。女性は男性的な勇気や男性に近づけた肉体を讃えられた。一方、男性は性的欲望を断ち、断食によって男性的な力を弱めた宦官として讃えられた。そして、女性も男性も神のために霊的な子どもを孕むことができた。悪霊に直面し、自分たちの悪しき考えを認識した人々のために、新しい生活様式として修道共同体が考案された。彼らはそこで神への愛や隣人への愛に思う存分専念できたのである。気前よく貧民に施す家庭の中心にあるのは信仰篤い多産な結婚生活だったが、キリスト教徒のなかには、それよりも新しい修道生活のほうがずっと良いと公言する者も出てきた。このような人々の一部は飢えや孤立、不眠、自傷行為に陥る、極端な形の禁欲修行を称賛した。

五世紀に柱頭行者のシュメオンは、一五メートルの柱の上で四十年間過ごす生き方を選んだ。この間彼はアンティオキアの東側の山地で暑熱と寒気、雨風に晒され、飲食はほんのわずかで済ませ、身を伏せては立つ祈りを繰り返した。その回数があまりに多かったので、キュロス主教のテオドレトスは、見ているうちに勘定できなくなった。そして、シュメオンは、足の壊疽《えそ》のほか背骨と胃も損ねた。なんのために？　しかし、人々は彼を見ようと旅をし、そのために彼の名声は広まった。テオドレトスによれば、ローマのどこの工房にも守護聖人のように、柱の上に座るシュメオンの画像があったという。シリアからもたらされたある黄金の飾り板には、蛇が巻きついて鎌首をもたげている柱の上に座す聖人の姿がある。おそらく、シュメオンは悪魔の勢力に抗する戦いの最前線にいると思われていたか、あるいは身体的苦痛を耐える彼の選択が、選択の余地のないほかの人々を励ましていたのかもしれない。あるいは、極端な禁欲修行を唱導する史料は、センセーショナルな古代末期のレトリックの好例で、少数派なのに声は大きい集団の関心を示し、写本が作られたおかげで残ったのかもしれない。キリスト教徒のなかにはこのような禁欲修行生活に強く反対する者もいたし、大半の者は無関心なままであった。実験的な禁欲修道生活の試みは共住式の生活形態に道を譲り、そこでの規則は苛酷な修行を個人で選択することを禁じて、身体や霊的な力に差があることを認めていた。バシレイオスやアウグスティヌス、ベネディクトゥスによって考案された規則はよくできていたので、長らく使われた。

古代末期は聖性が場所であれ個人であれ、物理的に現存することに価値を置いていた。哲学者は知恵を探して地中海世界の外まで旅し、キリスト教徒たちは帝国を横切って聖地やエジプトの聖なる修道士を見に行った。故郷から出ていく旅行者をラテン語でペレグリーニ〔複数。単数形はペレグリーヌス〕と言い、聖なる目的地に旅する「ピルグリム（巡礼）」という英語の語

9　聖シュメオンと彼の柱に蛇となって巻き付いた悪魔。

源になった。巡礼行為に反対する者もあり、身体的にも道徳的にも危険だし神はどこにでもいるのだから巡礼など必要ないと論じた。もしエルサレムが神聖であるのならなぜ犯罪で満ち溢れているのか、とニュッサのグレゴリオスは問うている。巡礼行は禁欲苦行者にも歓迎されなかった。彼らはすでに世俗世界を捨てていたから、俗界が近づいてくるのは望ましくなかった。訪問者が女性の場合はなおさらであった。

聖遺物《レリック》（残存物という意味のラテン語、レリクアエが語源）は贈物として友人に配られる形で、逆に人々のほうへやってきた。ただし、聖遺物としての遺体の一部に聖性が宿っているかについては、意見が分かれていた。死者は都市の外に埋葬された。都市は神々に捧げられており、神々は死と接触するのを好まなかったからである。キリスト教徒は彼らの埋葬地をギリシア語で眠る場所という意味のコイメテリア（英語のセメタリー、共同墓地の語源）と呼んだ。これは死者が復活の日まで眠る場所という考えから来ている。埋葬場所は都市の外側にあったが、時に聖人の骨やそのほかの聖遺物は礼拝所や教会に移送された。しかし、この移送は二つの点で問題をはらんでいた。死者が市内に入るということと、ローマ法が死体を乱すことを禁じており、例外が認められるのは、危険が迫っていて遺体を移動させる必要があるか、一時的な墓地から恒久的な墓地へ移送する場合のみであることだった。キリスト教の諸皇帝は、この例外規定の原則を聖遺物配布に適用した。キリスト教徒のなかには、聖人の遺体の微小な破片、所有物、墓から得た塵にすら、神と一体になって生きた聖人たちの霊的な力が宿っていると確信する者がいた。しかし、非キリスト教徒にとっては聖遺物と結びついた奇跡は、体の一部に関係する魔術にきわめて近いものに見え、その奇跡は、その身体の持ち主が暴力を受けて死んだときにとくに強いと考えられた。そして、キリスト教徒の一部にも、神に直接祈ることができるのに聖遺物を崇敬する必要があるのか、確証を持てない者がいた。

ローマ　三八四年

ローマはいくつかの理由で特殊な例である。異教の伝統を持つ古代都市でありながら、ペトロとパウロのほか多くの殉教者によるキリスト教都市でもある。また、もはや皇帝は住んでいないが帝国の首都であった。その特殊性にもかかわらず三八四年のローマは、古代末期宗教の多様性を示し、また社会的地位や個人的結びつきによって、人々がどのように共存し、厳格な法の制限を逃れたかを示す助けとなっている。

三八四年というのは、ウェッティウス・アゴリウス・プラエテクスタトゥスが傑出した経歴と四十年におよぶファビア・アコニア・パウリナとの結婚生活の末に亡くなった年である。皇帝グラティアヌスは、プラエテクスタトゥスの友人でローマ市長官のシュンマクスに、元老院の名で彼を記念する像を立てることを許可した。プラエテクスタトゥスはウェスタ女神の神殿に仕える巫女たちを監督する神官でもあり、そのウェスタ神殿はローマの伝説の王たちの象徴的な炉、すなわち異教ローマの王たちの象徴的中心であった。これに先立つ二年前、グラティアヌス帝は異教に関係する役人の公的奉仕免除を停止し、異教の犠牲や儀式を維持する基金も取り上げていた。しかし、まだ神官職やウェスタ巫女を禁止しようとまではしていなかった。ミラノのアンブロシウスは、ローマはたった七人のウェスタ巫女を集めるのにひと苦労だが、その点キリスト教には神に身を捧げた処女が数千人いると言ったものである。

ウェスタ巫女の長であるコエリア・コンコルディアもまた、プラエテクスタトゥス記念像を贈ろうとした。シュンマクスはウェスタの巫女が男を顕彰するなどとんでもないと拒否したが、プラエテクスタトゥスの妻パウリナはこれに感謝し、コエリア・コンコルディアの像を発注した。パウリナはこのほかに像の台座を発注し、そこに彼女とプラエテクスタトゥスがお互いに讃え合う詩を入れた。彼らは来世で会うと思われていた。二人とも今日では「密儀」宗教と呼ばれる多くの秘儀を伝授されていた。密儀《ミステリー》の語源はギリシア語の「ミュステリオン」から来ており、これは「ほかに口外せず」、秘儀参加者にだけ「明かされる何か」であった。プラエテクスタトゥスは、ギリシアの属州総督（プロコンスル）のときに、夜通し続く古《いにしえ》のエレウシスの儀式に遭遇した。エレウシスの秘儀は夜間の犠牲式に対する一般的禁令処置の例外とされており、彼もパウリナもこれに参加した。パウリナはエジプトの女神イシスと月の女神ヘカテの信者だった。ヘカテはしばしば魔女と結びつけられるが、古代末期には神々と人間の媒介者として理解されていた。プラエテクスタトゥスは、大地母神キュベレの秘儀新規加入者とし

10　修辞家で官僚のシュンマクスの昇天。

て、タウロボリウム〔キュベレ女神に牡牛を犠牲として捧げる儀式〕を体験した。彼のキリスト教徒の同時代人プルデンティウスの記すところでは、キュベレの神官は牡牛が屠られて乗せられた網の下の壕に立ち、血の雨で身を清めたという。プラエテクスタトゥスはまた、ミトラ信仰でも高い地位に達していた。ミトラ神はペルシア起源で、人間と太陽神の仲介をする神であった。三八四年時点では、キリスト教皇帝の例に倣うかわりにこうした信仰に従っても、ローマ貴族にとって危険であったと示唆するものはない。

おそらくそれから五十年後、マクロビウスは『サトゥルナリア』という長い哲学的対話集を書いた。プラエテクスタトゥスの家を舞台に、ローマ貴族が集まって真冬のサトゥルヌス祭の夜を知的な会話で過ごすという設定である。対話を主導したプラエテクスタトゥスは、天より下にある我々の宇宙に関与している神々が、至高の神たる太陽のどういった側面であるかを説明した。彼の論によれば、神々の名前と属性、それに神々への信仰や神話は、すべてこの太陽の神学に対する気づきを示しているということになる。『サトゥルナリア』の話し手たちは、けっしてキリスト教に言及しない。おそらく、それはマクロビウスが知りたくないか、あるいは哲学の対話にふさわしくないと考えたからであろう。

伝えられるところでは、プラエテクスタトゥスは、同じく三八四年に死去したローマ司教ダマススに、「ローマ司教にしてくれ。そうしたら明日にでもキリスト教徒になってやる」と語ったという。これは、悪名高い大金持ちで影響力のあったダマススに対するジョークだが、プラエテクスタトゥスが自分の宗教上の職掌に司教管区をひとつつけ加えようと思ったとしても、あり得ないことではなかった。というのも、ダマススとプラエテクスタトゥスは長いつき合いだったからだ。歴史家アンミアヌスが伝えるところでは、ダマススが三六六年に司教に選ばれたとき、あるバシリカ教会堂の支配権をめぐって起きた争いの結果一三七人が死んだ。このとき都市長官だったプラエテクスタトゥスが秩序を回復した。アンミアヌスは中立であると主張し、事実非常に中立にふるまったので、彼の個人的宗教見解はどのようなものであったのか、いまだに議論がある。おそらく、自分が仕えかつ尊敬していた皇帝ユリアヌスと同様に、人々はその信条に従った生活をすべきと考えていたのだろう。アンミアヌスはダマススの選挙をみて、純粋で質素な生活を送る属州の司教と、贅沢好きで貴婦人から贈物を受け取る都市の司教とを対比したくなった。ダマススは「既婚夫人の耳かき」との異名をとっていた。彼が女性たちの耳元でささやき、耳掃除をしていたからである。三七〇年のある法令は彼個人に宛てられたもので、おそらくは彼の求めに対する返答である。その文面は非難か、あるいは彼がライバルを出しぬこうとしていたのかもしれない。この法は聖職者や前聖職者、それに「禁欲で名を上げたい者」に対して、未亡人や女性の被後見人の家を訪問することを禁じ、また彼らが「宗教を口実に個人的な関係を持つ」女性からいかなる贈物や遺贈を受け取ることも認めなかった。

ダマススは自分の財産を使って、ローマが見た目でもよりキリスト教的な都市になるように、キリスト教の礼拝堂や教会や墓地を建設したり補修したりした。また、短い追悼の詩を美しい字体で彫り込んだ。彼はヒエロニムスに、古典教育を受けたローマ人が敬遠しないようなスタイルの、新しいラテン語聖書の企画を始めさせた。これは大変な難行だった。それ以前のラテン語版聖書はギリシア語からの翻訳で、ギリシア語の旧約聖書自体もヘブライ語からの訳であった。アウグスティヌスは彼自身の反応を書き記している。カルタゴの修辞学の学生であったとき、彼は哲学に対するキケロの称賛にインスピレーションを受けて、子どものときに聞いた聖書の研究に思い至ったという。しかし、キケロと比べるとその文体は大変拙《つたな》いものだったので、すぐにあきらめてしまった。それでもアウグスティヌスは、司教として説明が難しい個所に突き当たった時には、ギリシア語原典を調べるとよい場合がしばしばあることは知っていた。しかしヘブライ語はもちろん、そのアルファベットすら知らなかった。一方、ヒエロニムスは非ユダヤ教徒でその言語を習得したことで知られる数少ない者のひとりであった。彼は最初、シリアで禁欲苦行生活を送ろうとしていたときに、自分の考えを統御する方法のひとつとして改宗ユダヤ人から学んだという。彼はローマでも学習を続け、急いでローマを去ってベツレヘムに定住したとき、その仕事を再開した。

現代の学者は、ヒエロニムスは自分のヘブライ語の知識を過大評価していると考えている。彼は聖書全体を翻訳したわけではないし、ウルガタ版聖書として知られて一般的に使われるようになるラテン語聖書は、数人の翻訳者が長い時間をかけた仕事だった。しかし、彼が史料校訂と解釈に本腰を入れて取り組んでいたのは事実である。彼はユダヤ教徒が自分たちの伝統を自分たちだけにとどめようと望んでいるような印象を与えてしまったため、彼のユダヤ人アドバイザーは窮地に立たされることになった。ヒエロニムスがダマススに宛てた手紙には、とあるローマのユダヤ人が描かれている。彼はシナゴーグから聖書テキストを運んできて、すべてを投げうってこれを筆写するようヒエロニムスに対して強く主張した。また、ベツレヘムではユダヤ人の教師は人目をはばかって夜にやってきた。ヒエロニムスの新しい翻訳は、おなじみの言葉が別のものに置き換えられたときに起こる、いろいろな問題を引き起こした。ヒエロニムス版聖書は、セプトゥアギンタと若干の点で異なっていた。セプトゥアギンタはヘブライ語からギリシア語訳された旧約聖書で、言い伝えによれば、別々に仕事をした七十人（ラテン語でセプトゥアギンタ）の学者が奇跡的に一致した翻訳をしたのだという。アウグスティヌスはこの点について、もし彼らが前もって打ち合わせをしていたとしても、合意したこと自体驚くべきものであると、柔軟な意見を述べている。

アウグスティヌスは、ヒエロニムスがセプトゥアギンタの権威に逆らってしまったことが遺憾であった。彼は、ヒエロニムスの新しいラテン語版聖書を司教が紹介した、オエア（現リビア首都トリポリ）の会衆の話を語っている。彼らは、預言者ヨナを灼熱の太陽から守るようにヒョウタンが成長して日陰をつくったという話を聞き慣れていた。ところが、ヒエロニムスはこの単語はヒョウタンではなくアイビーであるとした。ささいなことのように見えるが、会衆のなかのギリシア語話者はそのテキストは間違っていると言って、混乱が起きた。そこで、司教は現地のユダヤ人に聞いて解釈を確かめねばならなかった。ユダヤ人たちはヒエロニムスに反する証言をした。これはばつの悪い話だった。なぜならユダヤ教徒はよく、キリスト教徒は聖書の不正確な版を持っていると言っていたからだ。キリスト教徒のなかには、反対にユダヤ教徒がキリスト教徒のテキストの権威を低めようとして、自分たちのテキストのいくつかを改変するよう企んだと言う者があった。アウグスティヌスは、世界的なユダヤ人の陰謀という考えには確信を持てず、書き写す際に間違えた可能性のほうが高いと語っている。

三八四年というのは、ヒエロニムスがローマにいた最後の年である。その後彼はスキャンダルと敵によって町から追われることになる。彼がイタリアとバルカン半島の境のあたりにあるストリドンという都市からはじめてローマに来たのは、ドナトゥスという学者に習うためであった。ドナトゥスの書いたラテン語文法は、中世には重要なテキストになる。ヒエロニムスとその友人たちは、日曜になるとダマススによって復元されたカタコンベに散歩に行った。彼は最初、都市の公共奉仕のキャリアを積もうとしていたのかもしれない。その後、とくにシリアの友人の所領で、数年にわたって禁欲生活を試みることになる。レオナルド・ダヴィンチなどの後世の画家は、彼を岩だらけの砂漠で修行する、痩せこけた悔悛行者のように描いているが、彼の書簡からは、まずまず快適な隠遁所で、友人が本の差し入れを持って訪れていたことがうかがえる。ローマに戻ると、彼はダマススの助手になった。後世の画家がヒエロニムスに枢機卿の赤い帽子をかぶらせる時代錯誤を犯してしまうのはそのせいである。ヒエロニムスは上品なラテン語を書き、ヘブライ語の知識があり、神学論争や東方教会での禁欲生活を経験し、彼の記述によれば何もかもうまくいっていたので、次期教皇になると期待されていた。しかし、歯に衣着せぬ攻撃のせいで多くの敵を作った。駄目押しとなったのは、寡婦となったローマ貴族女性パウラとその娘たち、ブレシッラとエウストキウムに対して影響力を持ったことである。

ブレシッラは、結婚して七か月の二十歳で寡婦となり、熱病から回復したのちに厳格な禁欲生活を送るようになった。ヒエロニムスは彼女の蒼ざめた顔色を、断食の激しさを示すものとして称賛した。しかし、彼女が三八四年に死亡すると、人々はヒエロニムスを非難した。彼は、これより以前に、すでにブレシッラの十代の妹、エウストキウムに宛てて、尋常ならざる第二二書簡を書いていた。それはきわめてエロティックなもので、現代の読者の目には、自己嫌悪と食事量の厳しい制限、つまり典型的な拒食症を促進しているように見える。ヒエロニムスは、この未成年の娘に、偽物の処女はみだらな欲望を感じるものだと語った。そうなると、たとえ身体は損われていないままであっても処女性が汚されてしまうというのである。彼は旧約聖書の厳格なイメージを用いて、人を惑わす処女は道端に座り、スカートを頭上までたくし上げ脚を広げている娼婦であると語った。続いて、自身が砂漠で修行しているときに踊る少女たちの幻夢に悩まされ、それを追い払おうと断食を続けたために、危うく死にそうになった体

11　美術は神学を運ぶ。金とガラスの容器受け皿。結婚したカップルと英雄ヘラクレスを示す。

験を仔細に描写した。彼はエウストキウムに自室に留まり、既婚女性を避け、断食で蒼白となってやせた女性たちとともにいるようにと語った。この若い娘二人の母であるパウラは、まだ年端のいかない息子とその財産を保護する後見人を手配すると、ヒエロニムスとともに聖地とエジプト修道僧訪問のため船出した。彼女は自分の財産を慈善と、男性と女性それぞれのために建てられたベツレヘムの修道共同体のために費やし、共同体の女性用はパウラ自身とエウストキウム、男性用はヒエロニムスが指導した。パウラは借金しか遺さなかったが、ヒエロニムスはエウストキウムに、パウラは天に宝を蓄えたのだと確証した。

アウグスティヌスも三八四年にローマにいた。ただしヒエロニムスとの後年の文通は、二人が会ったことを意味しない。文学と修辞学の教師として、アウグスティヌスはカルタゴよりも質の良い学生がいることを期待して来ていた。カルタゴでは、「壊し屋」の学生たちが授業妨害を楽しんでいたのである。彼は自分の属していた宗教組織に助けられていた。三八四年のアウグスティヌスはマニ教徒で、預言者にして教師のマニの信奉者であった。マニは三世紀のメソポタミアに住み、ペルシア王の命令で殉教した。マニの教えは東西に広まり、地方の伝統の中に取り入れられたので、現存する史料のあるものは中国のトルファンから、またある史料はエジプトから見つかっている。ローマ帝国ではマニ教徒はキリスト教に順応した。彼らはマニを、イエスが弟子たちにあらゆる真実に導いてくれる者として語った「弁護者」〔『ヨハネ福音書』一四章一六節および二六節〕と同一視した。ほとんどのキリスト教徒は、この箇所でイエスは聖霊による絶え間ない導きについて言ったと考えていた。しかしマニ教徒に言わせれば、イエスはマニのことを言ったのであり、その教えは聖書に隠された真の意味を明らかにしたのである。

アウグスティヌスによると、この隠された意味は複雑な神学体系となっている。そこでは、光は闇と戦っていて、宇宙は光を解放する装置であり、人間の魂は身体に捕えられた光の断片なのである。しかし、魂は規則に則った生活スタイルと、より高次の諸力の助けによって身体から逃れることができる。マニ教の「選良者」は清貧と貞潔を保ち、たとえ植物であれ、食べるために命を絶つことはしなかった〔根を抜いてはいけないが、果物やきゅうりなどの野菜は食べることができた〕。「選良者」の食糧は、その従者である「聴講者」が用意する必要があった。彼らの生活スタイルは「選良者」ほど禁欲的なものではなかったが、やはり生殖によってより多くの魂を罠に閉じこめることはしないよう教えられた。マニ教徒は政治的に疑惑の目が向けられていた。ローマ東方の敵領から伝わった宗教だったうえ、秘密組織を作ったからである。彼らはときどき法の処罰の対象となっており、アウグスティヌスの反対者はのちに、彼がカルタゴを離れたのは逮捕を免れるためだと主張した。有力なマニ教徒がいたので、ローマのほうが安全だったのだろう。カルタゴよりましな学生がいたわけではなかったが、シュンマクスとの出会いがあった。そのシュンマクスは親族のアンブロシウスから、ミラノの修辞学教授に適当な人がいないか頼まれていたのである。アウグスティヌスは職を得、シュンマクスのほうは、アンブロシウスに正統的でないキリスト教徒を教授として送ることに、喜びを覚えていたかもしれない。

シュンマクスとアンブロシウスの衝突は、今日三八四年のエピソードのうちで、最も有名なものとなっている。この件については、アウグスティヌスやヒエロニムスは言及していない。グラティアヌス帝は三八二年に一連の反異教処置を講じたが、そのなかには勝利の女神の祭壇撤去を命ずる法案も含まれていた。この祭壇をめぐる歴史からは、四世紀における帝国の態度の変化が明らかになる。かつて元老院議員はこの祭壇で香を炊き、神酒を捧げ、誓いを立てていた。三五七年に、コンスタンティヌスの息子コンスタンティウス二世はローマを訪れ、壮麗な建築の数々と古代の伝統に接して、相応の関心を示した。コンスタンティウスは犠牲と偶像崇拝、それに異教儀礼のために神殿を使用することは禁じた。しかし、建築遺産と人気のある祝祭は残すことを許した。そういうわけで、祭壇は撤去させたが、勝利の女神像は残したのである。のちに、おそらくユリアヌス帝時代に祭壇は戻され、グラティアヌス帝が撤去させるまで誰もそれに言及せず、勝利の女神像はそのままであった。シュンマクスは、祭壇撤去に抗議する元老院議員たちの使節団を主導した。ダマススはこれに対抗して、キリスト教徒元老院議員による抗議を組織した。彼らは、もし祭壇が戻ったら元老院に出席しないと言った。その後グラティアヌスはガリアで簒奪者に敗北して打倒され、弟で共治帝のウァレンティニアヌス二世が十三歳で帝権を継承した。プラエテクスタトゥスは、この時イタリア道長官であった。そして三八四年夏、シュンマクスが首都長官に就任し、彼の公的文書のなかに、祭壇は戻される

12　美術は神学を運ぶ。イサクの犠牲。ユニウス・バッススの石棺から。

べきであるという皇帝への嘆願書を入れることに成功したのである。彼は議論の論点を印象的な形でまとめて提出した。

それゆえ、我々は父祖の神々、我々を守り給う神々に平穏をとお願いするものであります。万人が何を拝しようとも、それはひとつであると考えるのが正しいことです。我々は星々を仰ぎ見ます。天は万人に共通であり、同一の世界が我々を取り巻いております。各人がいかなる叡智に従って真理を追究しようと、それは問題ではありませんでしょう。かくも偉大なる神秘にただひとつの道から到達することは不可能なのですから。……（「ウィクトリア女神祭壇論争」）

アンブロシウスは、ミラノの宮廷における影響力を行使して、シュンマクスの議論に抵抗した。結果、三九二年に短期間、異教皇帝エウゲニウスが権力を掌握したときを除いて、祭壇が戻されることはなかった。像は残ったが、その後どうなったかはわかっていない。

勝利の女神はこのとき人畜無害な遺産となり、何ら宗教的な含意のない、ローマの栄光を忍ばせる記念物となったのか、それとも、なお強力で、見方によっては悪魔的な異教の女神なのか。こうした議論は現在でも続いているが、緩和された形になっている。なぜなら、もはやローマの神々を信仰する人はほとんどいないからである。英国の新しい異教主義の人々は、自分たちをケルト人と信じる伝統のほうを好んでいる。ローマの宗教も再評価されるようになった。アウグスティヌスはローマ宗教を、わずかな権限しかない小さな神々の雑多な寄せ集めと、信仰心などまるきりない政治家が主催するみだらな儀式だと評した。彼はこの情報を、ローマ宗教の著名な権威であるウァッロから得たと語っている。ウァッロは前一世紀末に、当時すでに消滅しかかっていた伝統を保存しておく試みとして『神事』を書いた。しかし、アウグスティヌスのころになっても、まだウァッロは過去の遺物とはなっていなかった。というのも、学校の子供がウェルギリウスを読む際に引用される権威だったからである。

五世紀初頭にアウグスティヌスの反対者は、ローマの神々がローマを偉大な帝国にしたのにキリスト教徒がその神々を崇拝するのを拒否したため、蛮族に永遠の都市の略奪を許すことになったのだと主張した。だから、キリスト教の倫理は帝国を運営するのにまったく向いていないのだ、と。論争はここに具体的な形をとって現れた。キリスト教は伝統的宗教を公然と非難するが、政治・社会エリートはこの伝統的宗教の信仰を先導することで、共同体への献身を表明した。伝統的信仰は、儀式や祝祭を共にすることで共同体をひとつにした。理不尽な要求はせず、信仰に関する争いを促進することもなかった。それどころか、ローマに征服された諸民族の神々も温かく歓迎したのである。このようにして、伝統的宗教は帝国を育て、繁栄させた。キリスト教は逆に、家族を引き裂き、受け入れられていた権威の枠組みを掘り崩し、激しい宗教論争を引き起こしてしまった。アウグスティヌスはヒッポの市門にヴァンダル人が迫る中で死去したが、もし住民がキリスト教のいくつかの党派に分裂する動きを彼が助長していなければ、北アフリカはもっとヴァンダル人の侵入に抵抗できたのではなかったか。また、もしキリスト教が家族や都市や帝国に対する義務を放棄し、ただでさえ逼迫した経済によけいな負荷を与えてしまうように人々を説得などしなければ、帝国自体ももっと強いままであったかもしれない。

これに対する反論はある。キリスト教の司教たちは、自分の義務に正しく取り組んでいる場合には大変勤勉で、共同体内部の論争を調停し、福祉基金を管理し、政府が福祉に責任を負わない社会のなかで司牧的な役割を果たした。有力なキリスト教著作家のなかには、たしかに人々に家族や都市義務を放棄するよう説いた者もいる。しかし、信仰篤い結婚を称賛し、キリスト教徒の官僚にはその職にとどまるよう説いた者も存在した。アウグスティヌスの『神の国』には、なぜそうすべきかについて彼が述べた重要な個所が含まれている。すなわち、人間は生来社会的な存在であるが、我々の住むこの世界は人間の支配しようとする衝動によって損なわれており、その衝動が家族から都市、帝国まで社会のあらゆるレベルでの争いや不和をもたらすのである。ローマの平和と同じく、人類の平和は、常に権力を行使する必要はないにしても、しかるべき権威ある人々によって与えられなければならない。それは脆く、不完全な平和であるが、他の選択肢よりははるかに好ましい。

第6章　蛮族について

平和と秩序のためには、帝国を襲う者に対する防衛を必要とした。軍隊は予算上の大きな出費であった。敵の攻撃は財源を直接破壊し、ローマ市民のために用いられたはずの財源を奪い取ってしまった。もし敵が対決でなく歓迎でもって迎えられ、同化されたとしても、別の形で財源の破壊は起こりうる。おそらく、ローマ帝国自体が蛮族化し、古典文化と規律ある伝統と市民としての誇りを失いかけていた。「古代末期」は、「ルネサンス末期」と同じくひとつの様式のカテゴリーとして、まず美術史で始まった概念である。中立的な用語ではない。それ以前のものから派生した二次的な産物か、それ以前のものの衰退した姿か、あるいはその両方であると見られていた。もし古代末期の彫刻家なり詩人なりが古典期のスタイルで作品を制作したら、アイデアが枯渇したからだとされる。かといって別のやり方をした場合、とくに絵画で鮮やかな色彩、文学でも鮮やかなイメージを多用すると、蛮族の明るいもの好きと古典的形式を使いこなす力量がない印とされた。

プロコピオスは、六世紀コンスタンティノープルにおける戦車競走のフーリガンたちお好みの「フン人風」ファッションを、こう描写している。

〔競馬〕党派の連中はヘアスタイルを、新奇な、ほかのローマ人とは全然違った形に変えた。口髭も顎鬚も手入れせず伸ばし放題、さながらペルシア人のようであった。前髪はこめかみで切りそろえられていたが、後ろは長くだらりと下げられ、マッサゲタイ人〔中央アジアの遊牧民〕のようであった。このスタイルがフン人風と言われるのはそのためである。彼らはみな贅沢な服が似合うとでも考えたか、彼らの身分には立派すぎる衣装を纏っていたが、それは他人から奪ったものであった。チュニカの袖は手首のところできつく結ばれているが、そこから肩までは極端に幅広なので、劇場や競馬場で叫んだり声援を送ったりするときに手を振ると、その部分がはためいた。愚かな連中は、自分たちの体が立派でたくましいので、このぐらいの衣装が必要だと考えたのだが、じっさいには薄い衣装から貧弱な肉体が透けて見えてしまっていることに気づかなかったのである。肩マントもズボンも靴もみな、名称からスタイルまでフン人風であった。最初から、ほとんどの者が夜になると公然と武器を持ち歩き、昼間も衣服の下に両刃の短剣を隠していた。夜になると、彼らは徒党を組んで集まり、市場や裏通りのあらゆる場所で上層市民を襲い、マントや帯や

13　野蛮な芸術か。ユニウス・バッススのバシリカの大理石パネルの壁画。ローマ。

金の留め金、そのほか出会った人間から取れるものは何でも取った。〔プロコピオス『秘史』第七章八―一六節〕

変わった服装の一式を着て、武器を持ち運び、上品な市民を襲撃する。蛮族になるというのは、こういうことなのだろうか。

「蛮族」〔英語ではバーバリアン〕という名称ができたのは、彼らの話す言葉がギリシア人には「バル、バル、バル」（あるいは、ルフバルブ、ルフバルブ、ルフバルブ）と聞こえたからである。非ギリシア人の「蛮族」のなかには、じっさい高度な文明を持つ民族がいたし、バビロニアやエジプト、フェニキアなどの「蛮族の知恵」は、単なるギリシアの賢さよりもずっと古く深淵だと考えるギリシア人もいた。この意見はユダヤ人にも、のちにはキリスト教徒にとっても役立った。彼らは「野蛮な」ヘブライ語の聖書はギリシアの哲学よりも古く、深淵だと主張したのである。

古代末期にローマを脅かした蛮族は文明化されていなかった。彼らは中近東の都市を基盤とした古代の諸文化圏に起源をもたない、ライン、ドナウ両河川の向こうにある、森林とステップ地帯からやって来た人々であった。彼らはこの地域で移動あるいは一時的な定住生活を営んでいた。ヴァンダル人やゴート人、フン人というのは、いまだに残酷で無知蒙昧な文化の破壊を意味する常套句である。ローマ人のなかには、蛮族というのは単に野蛮なだけでなく、野獣のように、残忍で、血に汚れ、非理性的な人間以下の野獣だと考える者もあった。ローマ人は、動物が社会的、合理的にふるまう物語を楽しんだが、それでも動物は動物であり、飼い慣らされているか野生かの違いだった。家畜は彼らの産み出すものと人間の保護を暗黙のうちに交換することで平和裏に暮していた。しかし、野獣は敵であり、彼らが取引というものを理解できず、取り決めを守ることもできない以上、平和はありえなかった。

ローマ人、ダハン人、サルマティア人、ヴァンダル人、
フン人、ガエトゥリアン人、ガラマン人、
アラマン人、サクソン人——すべてひとつの地上を歩む。
ひとつの空を、ひとつの大洋を享受する。

空と大洋はわれらの世界と境を接する。なぜ動物風情が
我々と同じ川の水を飲むのか。穀物を私に与える露が
野生のロバに草を与える。汚い雌豚が
我々の川で水浴びをし、犬は我々の大気を吸い込み
大気の優しい息吹が獣に命を吹き込む。
しかし、ローマ人と蛮族はかけ離れている。
二本足〔の人間〕と四つ足〔の動物〕のように
〔プルデンティウス『シュンマクス駁論』二章八〇七―八一九節〕

キリスト教徒の詩人プルデンティウスは、この詩を四世紀の終わりに書いた。そのころ、多くの蛮族はキリスト教徒で、ローマ人である者も多かった。なぜなら、すでにローマ帝国内に定住していたからである。プルデンティウスの同時代人イオアンネス・クリュソストモスは、コンスタンティノープルのある教会を、ローマ軍で軍務につくキリスト教徒蛮族のために、ゴート語で典礼を行なうよう指定し、自分自身この教会でときどき通訳付きで説教も行なっていた。ゴート人たちは、「黄金の口《クリュソストモス》」と言われるイオアンネスの雄弁術を十分理解できていたのだろうか。イオアンネスはその会衆に語っている。預言者イザヤは狼と子羊がいっしょに食事をするだろうと言った。そして、はたせるかな、「今日、あなた方はあらゆる人間のなかで

最も野蛮な者がキリスト教徒の羊のなかに立っているのを見た。」

二十世紀の初頭に至るまで、ローマ人の見解を受け入れるのも、蛮族の襲来が帝国を崩壊させたと判断するのもたやすかった。「ローマ人の文明は平和裏に死んだのではなかった。暗殺されたのだ」と、フランスの歴史家アンドレ・ピガニオルは第二次大戦後に書いている。しかし、ヨーロッパのいくつかの地域がこうした蛮族にかつて支配されていたことは、フランスを表すドイツ語からも明らかである。「フランクライヒ」とは、「フランク人の王国」という意味だからだ。愛国的なヨーロッパ人はもう少し楽観的な見解を取るかもしれない。ローマの破壊の物語を受け入れつつもそれを再評価し、ちょうどキリスト教の信仰がローマの公式宗教と入れ替わっていったように、蛮族の活力は老衰したローマ帝国を再活性化したと論じることによって。

二十世紀後半には、以前の植民地が独立を達成するにつれ、ポスト・コロニアル的歴史がヨーロッパの植民地主義諸国の視点を疑問視し始めた。これら旧来の勢力は、野蛮な諸民族に文明の恩恵をもたらしたのだという信念を主張してきた。ちょうどローマが、ウェルギリウスに言わせれば、「諸民族を支配し、従う者を助け、傲慢な者を懲らしめ」たように。ポスト・コロニアルの歴史家は今日、植民地支配を経験した民族の出身であるか、そのような人々と対話できる強みがある。しかし、古代末期を研究する歴史家は、蛮族に対するローマ人の記述に疑問をもち始めたとき、古代史においてしばしば起こる問題に直面した。それは、現代史におけるような他者の視点を我々が持てないことだった。蛮族とされる人々がローマ人の視点をどう考えていたのか、また彼らが自分自身をどう見ていたか、我々にはわからない。「蛮族」というのはローマ人の考えたカテゴリーであり、それは「異教徒」というのがキリスト教徒によるカテゴリーなのと同じである。アラニ人とかテルウィンギ〔のちの西ゴート人〕とかグレウトゥンギ〔のちの東ゴート人〕といった個別の名称を使うことで、こうした「蛮族」などの用語を回避することはできる。しかし、個別の名称もまたローマ史料に由来する。その結果、現代の歴史家は古代末期のローマ人と同じく、自分が扱っているのがどの蛮族なのか、判断するのが難しいことに気づかされる。現在の研究者には考古学資料と言語学の分析手法という手助けがあるが、古代末期の蛮族は、何を考えていたかについて言葉による記録を何も残さず、どのように生きたかについての手がかりもほとんどない。また、ローマの民族誌記述者たちは当時の型どおりの叙述を用いるのみで、そこからは、彼らが自分自身で目にしたという確証が得られない。そのようなわけで、後四世紀末にフン人の見慣れない風習について書いたアンミアヌスの記述は、前五世紀末にスキュティア人の見慣れない風習について書いたヘロドトスと共通するところが大きいのである。そして、アンミアヌスがフン人の文化を理解しようとする様子は見られない。

フン人は古の記録ではほとんど知られていない。彼らは凍りついた海に近いマレオティスの沼沢地［アゾフ海］の向こう側に住み、その野蛮さはあらゆる面で度を越している。子どもが生まれると頬に鉄でふかく傷をつけるので、皺になった傷によって止められて、ひげが伸びることがない。彼らは成長してもひげがなく、魅力のない、宦官のような風貌になる。その風体は恐ろしげで四肢は引き締まって強く、首は太く、容貌魁夷で、その姿を見たら彼らのことを二本足の獣か、橋の両側に用いる荒く切り出した木の株のように思うだろう。〔アンミアヌス・マルケリヌス『歴史』第三一巻二章一―四節〕

アンミアヌスによれば、フン人は野生の草木の根や半生の肉を食べていた。これらの食糧は馬上で駆けるときに股の下に入れてあたためておく。彼らはほとんど馬の背で生活している。物の売り買いも、食事も睡眠も、相談事も馬上である。彼らは寒さにも飢えにも渇きにも慣れていた。屋根があると不安になるので〔いつも戸外におり〕、外出着と室内服の区別などない。彼らは亜麻布か毛皮の衣服を纏う。一度チュニカを着ると、それがぼろぼろになるまで脱ぐことがない。彼らにはまともな靴もない。

このような叙述に我々はどう向き合ったらよいのだろうか。ゴート語の場合は、ウルフィラの宣教のおかげで、書き言葉の史料がある。言い伝えによれば、彼は三世紀に捕虜になったローマ市民の子孫であった。彼はゴート人のための聖書を翻訳できるよう、アルファベットを考案したが、王に関する書物は残さなかった。そうした年代記は戦いの記録ばかりになるが、ゴート人にこれ以上戦闘を奨励する必要がなかったからである。ゴート語聖書のうち、新約聖書は半分残っているが、旧約はほんのわずかしか現存していない。ゴート語文献はほかになく、フン人やヴァンダル人の言語の文献もないので、言語学者はこれらの言語はラテン語からロマンス語への発展にほとんど影響を及ぼさなかったと考えている。物質文化の面でも得るものは少ない。いくつかの美しく作られた武器や装身具が残っているが、それらをどのような歴史的文脈に位置づけるかは難しい。というのも、これらの高品質の品々は、贈物や交易で用いられたと思われるからである。定住地に関する考古学的証拠もいくつかはあるが、定住地が示すのはさまざまな文化の影響の混合であって、特有の文化を示すものではない。我々が結論づけることができるのは、蛮族は独自の起源と名称、言語や生活スタイルを持つ民族集団を維持するわけではなく、まさにローマ人の歴史家や政治家が主張していたように、常に変化し続ける連合体を形成していたということである。そこで、「蛮族」という用語を避けたい歴史家は、彼らを「ゲルマン民族」、すなわち、ゲルマニアと呼ばれる広大な地域から来た人々と呼ぶ。ゲルマニアはスカンディナヴィアも含み、ライン川とエルベ川から東はドナウ川やウィスワ川まで広がっていた。

アドリアノープル、三七八年——蛮族が皇帝を破る

三七五年ごろ、いくつものゲルマン人戦士の集団が連合体を作り、ステップ地帯からドナウ北岸地域に移動してきた。ローマ人は彼らのうちのある者たちをフン人と呼び、考古学者や言語学者はこのフン人に中央アジアの匈奴の子孫が含まれていたかどうかを議論している。匈奴は中国語史料によれば三世紀には支配的な勢力であった。四世紀半ば、体制の変化に伴い、匈奴は中国北部から移動して、ペルシアのササン朝帝国の北辺を脅かすようになった。ちょうどそのころ、ゴート諸族はウクライナ北部から南下してローマ領に入った。ゴート人は以前にもローマ領に侵入したことがあったが、今回ほどの規模ではなかった。四世紀を通じて、ローマ人とゴート人は対立と良好な関係の時期を繰り返し、良好な折にはゴート人はローマ領に定住してローマ軍で軍務についた。ローマの官僚はゴート王に外交的な贈物を送り、国境地帯は交易に開かれていた。しかし、三七〇年代後半のゴート人の移民はうまく処理できなかった。その結果が三七八年、コンスタンティノープルから西に向かう主要街道沿いの都市、アドリアノープル（ハドリアヌスの町、ハドリアノポリス。現エディルネ）近郊で行なわれた大規模な戦いであった。ローマ軍の規律は粗野な蛮族の力に勝ると思われていたが、この戦いはローマ軍が敗れ、皇帝ウァレンスが殺害されるに及んだ。アンミアヌスによれば、全軍の三分の二が皇帝と同じ運命をたどったという。アドリアノープル会戦の結果は、外交と戦術におけるミス

によるものだろうか。それとも、ローマの人的資源が対処できなくなる最初の兆候だったのだろうか。

蛮族は戦士であったが、ときに耕作し、ときに略奪や脅迫によって物資を手に入れた。市民が兵士となるローマ古来の伝統はすでに遠い以前から職業兵士に置き換わっていた。軍隊への給料と食糧、補給に歳入のかなりの部分、おそらく予算の三分の一が費やされた。しかし、それでも軍への支払いは慢性的に滞り、不十分であった。可能な場所では、兵士の給与は戦利品や司令官の施しで補われ、労働や補給が徴発されていた。しかし、次の脅威がどこから来るのか、それに対してどれだけの人員と物資が割けるのか誰も予見できなかったので、ローマ人はいったいどれだけの領土を守るべきなのか、決定するのは困難だった。ライン、ドナウの両河川やユーフラテス川のような自然国境は、常に政治・軍事的な国境と一致するわけではなかった。いくつかの地域では、国境線は大きな土木工事によって画された。たとえば、ハドリアヌスの城壁の壁面や見張りの砦、堀割り、またネゲブ砂漠やサハラ砂漠に敷設された道路や砦がそれである。しかし、国境線というのは、いろいろな解釈が可能である。防衛できる境界ともとれるし、意志の表明とも思われる。分割線とも、交換の場とも考えられる。

ローマの軍司令官はあるゆる手を尽くした。駐留軍、機動軍、緊急対応のための軍、ローマ文化を広げるために地方軍として入植した退役兵。蛮族もまたローマ軍の兵力として雇用が可能だった。あるいは次の蛮族が入ってくるのを防ぐために、国境地帯に居住を許可された。蛮族はまとまっておらず、ローマを共通の敵とする場合すらそうであった。四世紀末のミラノとコンスタンティノープルでは、ゴート人の部隊は際立って背が高く、忠実なボディーガードとしてローマ皇帝の宮廷で仕えていた。テオドシウス一世の下で軍総司令官となったスティリコは、ローマ人の母とヴァンダル人の父のあいだに生まれ、父はアドリアノープルの合戦において、ゴート人との戦闘で戦死したウァレンス帝の下で、ローマ騎兵として仕えていた。スティリコは事実上、半蛮族の皇帝だった。結婚によって皇室と結びつき、テオドシウス帝が死亡するとその幼い息子ホノリウスに代わって西方では摂政としてふるまい、また東方でも、もうひとりの息子アルカディウスの摂政に自分がなるべきだと主張した。ローマ人の前任者たちと同様、スティリコもライバルや侵入者に対応しなければならなかった。そこで彼は交渉し、買収し、そして戦った。四〇六年、ゴート人の王のひとりはイタリアで打ち負かされたが、その間ヴァンダル人、アラニ人、スエヴィ人がライン川を越えてローマ領に侵入した。スティリコはさらなるゴート人の進撃の前に、反逆罪で処刑されてしまった。ゴート人はアラリクスに率いられ、都市ローマを略奪することになる。

四一〇年のローマ――ゴート人の掠奪

ローマの略奪は大きな精神的打撃となった。この都市はもはや帝国の中心ではなかったが、依然として帝国の象徴であり、ローマ市の名門家系はなお富と威信を保っていた。ローマはまたキリスト教の首都でもあって、教会や殉教者聖堂、宗教共同体がたくさんあった。ヒエロニムスはベツレヘムにいて、ローマ略奪のニュースを友人の手紙から知った。彼が想起したのはウェルギリウスの一場面で、ギリシア人の攻撃により陥落したトロイを襲った炎と虐殺について詠嘆する場面であった。彼はまた、民がバビロンに連行され、荒廃するにまかせられていたエルサレムに対する、聖書の嘆きを想った。あまりにも取り乱していたので、預言者エゼキエルに対する注釈を仕上げるどころかほとんど自分の名前すら思い出せなかったと、ヒエロニムスは書いている。この注釈書のまえがきで、彼は全世界で最も明るい光が消えたと語っている。ローマ帝国は首を刎ねられ、全世界がひとつの都市のなかで滅びたのだ、と。

キリスト教徒の読者は、「詩編」七九章に記されたバビロニアによるエルサレムの陥落をよく知っていた。

神よ、異国の民があなたの嗣業を襲い、あなたの聖なる神殿を汚し、エルサレムを瓦礫の山としました。あなたの僕の死体を空の鳥の餌とし、あなたの慈しみに生きた人々の肉を地の獣らの餌としました。彼らは、エルサレムの周囲にこの人々の血を水のように流します。葬る者もありません。

さほど教養のない人でも、ウェルギリウスによるトロイ陥落の場面は知っていた。

いま、いにしえの都が崩れ落ちる、長い歳月にわたり君臨してきたのに。
道々のいたるところに、数知れず、薙ぎ倒されたまま転がる
死体があり、家々や神々の神聖な門口をも満たしている。

〔『アエネーイス』第二歌三六三―五〕

このローマ略奪の極端な説明は、ヒエロニムスの個人的苦悶と、古代末期の教育の産物である。この時代には、賢い少年は文学に熱心に取り組み、巧みなレトリックで書くよう教育された。おかげで、彼の描写は多くの読者にそういうものだったと思い込ませ、最近まで考古学的な記録からこれに反証することも難しかった。現代の建て込んだローマ中心街を発掘するのは容易ではない。どの程度蛮族が破壊したのか、また、侵入前のローマは繁栄する首都であったのか、それともヒエロニムスが主張するように、カピトリヌス丘の豪華な神殿は荒れ果て、諸神殿には蜘蛛の巣が張る、崩壊しつつあった遺産に過ぎなかったのか。いくつかの碑文には公共建造物の修復の記録があったが、おそらく上層階層は、もしゴート人を買収した後でまだ資金が余っていれば、教会か自分自身の大邸宅に投資するほうを好んだ。

イタリアにずっと近い北アフリカでは、アウグスティヌスがこの件について会衆を安心させ

ようとしていた。「恐るべき知らせが届いた。虐殺、放火、殺人、拷問。それは本当だ。我々は多くの報告を聞いており、胸を痛めている。我々はたびたび涙にくれ、癒しようがない。」ただし、アウグスティヌスが言わんとしたのは、ローマ略奪を正しくとらえるべきだということだった。ローマからの避難民は、これはローマの神々を無視した「キリスト教時代」のせいだと非難したからである。

アウグスティヌスは正しく指摘した。その都市はまだ立っており、ソドムやゴモラのように地図から抹殺されたわけではない。恐るべき事件が続いたのはたったの三日間であって、ローマは神々が崇拝されていた時代にもっと悪い災難を蒙っている。とくに内乱のときがそうだ。アウグスティヌスは主張する。蛮族は残酷で血に汚れているが、彼らは教会を聖なる場所として尊重している。ヒエロニムスと同じように、彼もウェルギリウスのトロイ陥落の詩を思いうかべたが、ヒエロニムスとは違った使い方をした。トロイ王プリアモスを彼の家の祭壇で虐殺したギリシア人と、ローマ人を安全に教会まで送り届けたゴート人とを対比したのである。アウグスティヌスは問いかける。いったいいつ、ローマ軍は神殿を尊重したことがあったか。トロイにしろローマにしろ、ローマの神々がその崇拝者を守ったことなどあっただろうか。

異教徒のなかには、ローマが侵略されたのはローマ古来の神々をキリスト教徒が無視したからだと主張する者があった。逆に、キリスト教徒のなかには、ローマはまだあまりにも異教的すぎるから侵略されたのだと論じる者がいた。人間レベルの話でいえば、アラリクスがローマに入城できたのは、沿岸の穀物船を封鎖できるだけの兵力を持っていたうえ、皇帝ホノリウスがラウェンナに引き籠ったまま介入しなかったからである。伝えられるところによると、ホノリウスはローマという名のお気に入りの闘鶏を飼っており、使いの者が駆け込んできて「ローマが死にかけています」と叫んだとき、それが鶏でなく都市のことだとわかって安堵したという。公平に言って、ホノリウスはアラリクスに対抗するには兵力が足りず、コンスタンティノープルにいる共治帝も助ける用意がなかった。彼にできたことといえば、敵が欲すること、受け入れるつもりがあることがわかれば、蛮族をまた買収できるという希望を抱くことぐらいであった。

正確なところ、蛮族はいったい何を求めていたのだろうか。アラリクスはローマの町を保持しようとは試みなかったし、おそらくは脅しをかけるだけのつもりだった。侵略に先立つ二年間の交渉で彼は、ローマ軍司令官の地位、彼の臣下の民が定住する土地、穀物の供給の保証、そして金銭と、その時々で異なった要求をしている。歴史家ゾシモスは、アラリクスが五〇〇〇ポンドの金と三万ポンドの銀、絹の衣服四〇〇〇着、三〇〇〇枚の真紅に染められた布、胡椒三〇〇〇ポンドを得たと言っている。贅沢な品物は当然売却することができた。アラリクスの後継者アタウルフスは、最初ローマ皇帝権を要求する対立候補を支持したが、のちにくら替えしてテオドシウス一世の娘ガラ・プラキディアと結婚した。彼女は四一〇年当時、捕虜になっていた。ヒスパニアの聖職者オロシウスは、この心境の変化を『異教反駁史』の中で書いている。この書は、ローマの歴史は「キリスト教時代」以前のほうがはるかに悪かったというアウグスティヌスの指摘を、詳細に論証したものである。オロシウスは蛮族については楽観的で、とくに相手がキリスト教徒であったときにはその度が増した。彼がヒスパニアで会った何人かの蛮族は、ごく安い料金で、ほかの蛮族から逃れてきた人々の護衛と荷運びを引き受けてくれたという。彼が聞いた話では、アタウルフスは最初ローマ帝国をゴティア、つまりゴート帝国にしようと思っていたが、ゴート人は法に従うにはあまりにも野蛮すぎるとわかったので、ゴート人の力をローマ帝国再建に使うことに決めたのであった。

蛮族諸王国

その後の事態の推移は、蛮族が法に従って国家形成することが可能であると証明した。五世紀以降、彼らの連合体のなかには王国となるものが現れ、ローマ法の要素を含む法典を持った。これらの諸王国は集団的アイデンティティを発展させた。ヴィジゴート（西ゴート）人は南フランスとヒスパニアに、オストロゴート（東ゴート）人はイタリアに、ヴァンダル人は南部ヒスパニアと北アフリカに、そして、遅れてフランク人はフランスに、ランゴバルド人はイタリアのロンバルディア地方に、それぞれ王国を建設した。歴史家たちは、彼らがあたかも以前から独自の民族集団として存在していたかのような歴史を考案した。ヨルダネスは『ゴート人の歴史』の中で、ゴート人は千年前のヘロドトスにゲタエとして知られていた人々だと記している。トゥールのグレゴリウスは、彼の『フランク人の歴史』をアダムとエヴァから始め、ガリアのキリスト教司教と殉教者について語ったのち、一足跳びにフランク人到来に話を進めた。一民族の起源と歴史を見つけ出す、このような「民族創生」過程の物語はヨーロッパ人の関心を大いに集め、過去百年間を通じて、歴史と言語、宗教に基づく、またはほかの集団との対立に基づく、民族的統一性に対して多くの主張がなされてきた。

五世紀初頭、今日のハンガリー平原に基盤を置く危険な戦士の大群を支配していたフン人の王、アッティラに一書を捧げた歴史家はいない。しかし、ヨルダネスは『ゴート人の歴史』に、パニウムのプリスクスによる詳細な記事を収録している。プリスクスは外交官で歴史家でもあり、四四八年にコンスタンティノープルから使節のひとりとしてアッティラを訪問し、それについて書き残している。プリスクスはアッティラの率いる人々をスキュティア人と呼んだが、これは南部ロシアの住民に対する古代の名称で、古典古代の文献には奇妙な風習を持つ蛮族か、文明に汚されていない高貴な野蛮人として登場する。プリスクスは彼らの母語のフン人の言葉やゴート語のほかにラテン語もいくらか話せる人々と会い、西帝国の宮廷から来た、彼と同じような外交官僚にも出くわした。ひとりはイタリア出身者で、アッティラの宮廷に書記として送られていた。また、銀の器についての争議を解決しようとしている使節もいた。ギリシア語を耳にすることはめったになく、わずかな話者もほとんどが北部ギリシアやアドリア海

14　蛮族芸術——銀の器の取っ手。イングランド東部サフォークで発見された埋蔵物から。

沿岸地方からの捕虜だったと、プリスクスは書いている。しかし、あるギリシア人の商人は、ドナウ沿岸の町で捕えられたが、勇敢に戦うことで自由を勝ち取った。そしてすでにたいへん裕福になっていて、アッティラの帝国は堕落したローマ帝国よりはるかに進歩しているとまで考えていた。プリスクスは、もちろんこれに同意していない。アッティラは「フン帝国」を支配したわけではない。彼の支配する連合体には永続性のある構造も法もなかったので、彼の死後に瓦解してしまった。アッティラの連合体は、ときどき力を誇示するだけで、じっさいに侵略しなくても、脅迫だけでうまく収奪した。というのも、フン人が手に入れるはずのものを生産し交易する共同体を破壊してしまっては、元も子もないからである。蛮族との交渉ですら、地位を知り、攻撃を避け、適切な贈物をし、交渉を手助けできる人物を見つける方法があったことを、外交官プリスクスの記述は示している。ただし、外交は失敗することもある。この使節の一年後、ローマの将軍アエティウスはアッティラと合意に達した。その二年後、今度は西ゴート人と同盟を結んでアッティラのガリア侵入を退けた。一方、四五五年にはヴァンダル人がローマを略奪することになる。アエティウスは少年時代にフン人のところで人質生活を送っていたが、長じてフン人の一部隊を率い、将来の皇帝を支援しようとイタリアに入った。そして、ローマ人と蛮族との間で揺れ動く同盟関係のなかで、彼は西ゴート人と結んだり争ったりした。

二十世紀後半にはほとんどの歴史家は、「対決」より「順応」を選んだ点でプリスクスに倣った。この「ユーロバーバリアン」モデルは、ヨーロッパとアメリカの多文化的諸都市の経験と希望に影響されたものである。そこでは異なったエスニック集団が通常平和裏に生活し、社会関係を発展させ、ときには異なる集団を越えて結婚する。蛮族がローマ社会に受け入れられたという証拠はあり、定住者や兵士として彼らはローマ人とともに生活した。比較人類学は、遊牧民がでたらめに移動しているわけではないことを示している。彼らは耕作限界地の利用に精通していたので、その土地で適切な時期に穀物を育て、家畜を養うことができた。しかし、近年になると蛮族らしい蛮族という考え方がまた戻ってきた。暴力的な対決や、蛮族が財政と人的資源双方で恒常的負担になったことや、蛮族に接収された地域では生活の質が大きく低下したことを示す証拠も存在している。蛮族の王と戦士たちは、ローマの総督や役人たちと入れ替わっただけで、法も宗教も文化もほとんど変えずにいたかと言えば、そうではなかった。しかし、ローマの役人たちのなかには、そう見せようと最善を尽くす者もあった。

第7章　青銅の象――古典文化とキリスト教文化

我々は、古代人が多くの偽りの宗教に捧げたウィア・サクラ〔フォロ・ロマーノを貫いていた「聖なる道」〕に関するあなたの報告から、青銅の象たちがあらゆる点で不安定になり、倒壊も近いと知った。それらはこの世に何千年も生きてきたが、それらの青銅の姿にも終わりが近いようだ。しかし、隙間の空いた四肢を鉄の鋲で留め、落ちそうな腹部は支持壁で補強して、この驚嘆すべき大きさが恥ずかしくもむざむざ瓦礫と化すことのないよう、しかるべき長寿を保たせるべく修復するように。生きた象でも倒れれば危険なことになる。それらが人間の技によって切り倒された木のように、巨大な四肢を地面に投げ出して横たわってしまった場合、いったん倒れてしまうと、その重さゆえに自力で起き上がることはできない。脚は関節で自由に動かせるようにはできておらず、円柱のように曲がらないからだ。（中略）しかし、この巨大な動物が修復されて足で立ったなら、自分に為された親切

を覚えていて、助けてくれた者をそれと認めて主人とする。〔カッシオドルス『ヴァリアエ（文書集）』一〇巻三〇章〕

これは六世紀初めに、イタリアをラウェンナから統治していた東ゴート王テオダハドゥスからローマの都市長官宛て書簡の一部である。政情不安で危険な時代に、なぜ彼は青銅の象に関心を寄せたのだろうか。テオダハドゥスは少し前に王になったばかりで、その地位は不安定だった。最初は従姉アマラスンタと共同統治していたが、のちに彼女を殺害したのである。アマラスンタは父テオドリクス大王が五二六年に死去すると、息子の摂政となり、実質上は女王だった。東ゴート王テオドリクスは口髭を生やし（ローマの伝統では髭は生やさず、ラテン語にそれに相応する言葉はないので、これは言及する価値がある）、四九〇年代から三十年にわたってイタリアを単独統治した。ユスティニアヌス帝の忠実な従者マルケッリヌスによると、西方における最後のローマ皇帝は四七六年に退位させられた。彼はロムルス・アウグストゥルスというたいそう立派な名前を持っており、ロムルスのほうはローマの伝説上の創始者、アウグストゥルスのほうは指小辞つきにしろ、ローマ初代皇帝とその後のすべての皇帝の称号であった。しかし、四七六年というのは、必ずしも西方におけるローマ支配の終焉ではない。というのも、まだ潜在的な皇帝は何人もいたし、ローマには富裕で相互に密接につながっていた元老院議員たちもいたからである。さらに、コンスタンティノープルにはローマ皇帝がいて、依頼を受けて介入してくるかもしれなかった。コンスタンティノープルの皇帝がそのような行動をとり得る宗教上の議論があったことも、四七六年終焉説の反証として挙げられる。

都市ローマはもはや政治的中心地ではなかったが、ローマ司教は使徒ペトロの後継者として、（少なくとも）西方諸教会に対する首位権を主張していた。この地位に就いた司教は常に政治に影響を与え、ローマの元老院議員たちは教会政治やローマの聖職者団とコンスタンティノープルの皇帝のあいだの交渉に関与した。テオドリクスはよい関係を保とうと努力していた。ローマを訪問し、聖ペトロ廟へ巡礼し、元老院に赴き、市壁そのほかの記念物を補修し、民衆にパンとサーカス〔戦車競走や見世物〕を提供した。彼の公式文書には元老院議員ボエティウスへの手紙が含まれている。それはギリシア語の専門用語をラテン語に訳すボエティウスの能力を称賛し、またブルグンド王グンドバドへの贈物として日時計と水時計を送る任務を依頼するものであった。

しかし、治世末期になるとテオドリクスは、コンスタンティノープルとのいくつかの交渉は反逆に等しいと主張するようになった。彼は元老院議員アルビヌスを非難したが、ボエティウスは、もしアルビヌスが有罪なら全元老院が有罪だと抗議した。すると、テオドリクスはボエティウスとその岳父シュンマクスを逮捕し、二人ともに死刑を宣告した。ボエティウスが獄中で書いた『哲学の慰め』は、中世で最も影響力あるテキストのひとつとなった。この著作はひとつの問題を提起してもいる。ほかの著作からボエティウスはキリスト教徒であることがわかるのだが、死を目前にして書かれたこの本は、聖書ではなく哲学の言葉を用いていたのである。ボエティウスが哲学に向かったのは、危機の中でそれが彼にとって最も重要だったからだろうか。それとも、彼が哲学作品で何を書くことができ、何ができないかを理解している、教養あるキリスト教徒に向けて書いたのだろうか。

テオドリクスは、元老院議員たちを殺したほか、教皇をひとり殺害したことでも非難されている。彼は教皇ヨハネス一世をコンスタンティノープルへの使節として派遣したが、帰路にラウェンナで監禁した。ヨハネスは拘留中に死亡し、殉教者として名誉が讃えられた。そういうわけで、アマラスンタは大変困難な状況を継承した。プロコピオスは彼女がゴート語、ラテン語、ギリシア語を話し、ほとんど男性のような統治能力を見せていたと書いている。この描写は見下して聞こえるかもしれないが、彼がほかの王家の女性、とくに皇妃テオドラに関して書いたものと比較すれば、相当な称賛といえる。アマラスンタは、新しい皇帝ユスティニアヌスやイタリアおよび西方のさまざまな勢力集団と交渉するために、自身のあらゆる能力と語学力を駆使する必要があった。息子が死ぬと、テオダハドゥスを共同統治者に指名した。これは、ローマ文化に彼らの伝統がとってかわられるのではないかという危惧の念を抱いていたゴート人の、不安の念を鎮めようとしてのことであった。だが、テオダハドゥスはアマラスンタを殺し、これがローマ帝国再統一の大計画をもっていたユスティニアヌスに、東ゴート攻撃の口実を与えることになるのだった。五三五年、ユスティニアヌスはベリサリオス将軍をイタリアに送った。五三六年、ベリサリオスはローマで歓迎された。そしてテオダハドゥスは、青銅の象に関する手紙を書いてまもなく、ライバルによって殺害されている。

都市長官の報告書が象を高く評価していたとは考えづらい。都市ローマはそれまでにもう何度も重大な損害を被っていたが、青銅の象は大切にされた古代の記念碑ではなかったし、ウィア・サクラも偽りの神々に捧げられたものであった。だから、おそらくこれは、生きた象と人間との関係を描いた長い描写のなかに、暗号化されたメッセージが入っているのだろう。象は手助けなしに自分で立つことはできないので、それを助けた人間に感謝して、その人を主人と思う。手紙は、テオダハドゥスがテオドリクスと同じく文明化された蛮族で、ローマに関心を抱く人間であることを伝えている。その書簡はまた、ローマのエリートに、彼らの偉大で長生きした都市が手助けなしには立つことができず、その主人に感謝すべきであることを思い起こさせている。

カッシオドルス——ゴート文化、古典文化、キリスト文化

この複雑なラテン語を書いたのはテオダハドゥスではない。筆者はローマ貴族のカッシオドルスで、東ゴートの上級公職者であった。祖父はローマの公職者であり、父はテオドリクスに

仕えた。カッシオドルスの知っているあるローマ人は、未来はゴート人のものだと確信して、その言葉を学び、子供たちにもゴート語で教育していた。しかし彼はこれを行きすぎだと考えていた。ローマ文化と行政はラテン語のまま、ゴート人諸王のもとで存続できたからである。

ゴート人に仕えるうち、カッシオドルスはイタリア道長官という顕職にまで達した。これは軍への補給、穀物供給、大半の裁判をその管轄下に置くものであった。テオドリクスとその後継者たちの公式文書の草稿も作り、また年代記もひとつ書いた。そこではゴート人の歴史への貢献は最大限に、ローマとの争いは最小限に描かれている。彼は自分の書簡、定型文、法令を一二巻からなる全集にまとめた。これには、友人たちから入れるよう強く主張されたという、日時計や水時計に関するボエティウスへの手紙も含まれている。この全集は、あまり教育を受けていない未来の公職者が雄弁術を訓練するにはうってつけの教材になるだろうと、その友人たちは語っている。

コンスタンティノープルでもリュディア人のイオアンネスが、新しく採用された役人は官僚の流儀と伝統を知らぬと不平を漏らしていた。イオアンネスはもともとギリシア語話者であったが、行政言語をラテン語から変更するのには反対していた。彼は引退して教授となり、ローマの古物とラテン語の由来について書いている。学位や資格を与える教育過程はなかったので、「コンスタンティノープル大学」という言い方は誤った印象を与えかねないが、五世紀のコンスタンティノープルには、公的基金を受けた教員がラテン語文法と修辞学に一三人、ギリシア語に一五人、哲学教授が一人と法学教授が二人いた。彼らは個人経営の教師には手に入らないような、改良された講義用教室を使用していた。

カッシオドルスは五〇六年から五三八年までゴート人支配者の役人であったが、ローマ式の称号を持つ官庁を管轄し、ローマ法で行政を行なった。彼の熟考されたラテン語のスタイルは、官僚機構と外交、法と文学が、ゴート人支配下でも繁栄し続けたことを確信させる。彼の雄弁さは、現在ではありそうもないほど、当時は効果を上げたに違いない。

公共の出費は、季節の違いによって変動するが、地域の生産性と適切な指示が一致していれば、くい止めることはできる。というのも、収穫がより豊富な場所では調達は容易だが、もし不作による飢えゆえに拒否された調達があれば、その属州は痛手を受け、望まれた結果は得られないだろう。〔『ヴァリアエ』第一二巻二二章〕

なるほど、大臣閣下。しかし、青銅の象と同じく、この手の込んだ声明の真意は明らかだ。これは公式書簡の始まりの部分で、イストリア地方の収穫が上々で、ワイン、穀物、オリーブ油などが多く見込めるので、カッシオドルスが現金による税ではなく同種のものでの支払いと、その際の強制的な買い上げを定められた価格で行なうことを提案しているのである。この、おそらくはあまり歓迎されないメッセージは、イストリア地方の肥沃さと、同地方のアドリア海沿岸部の魅力に対する称賛でくるまれた。これはぶっきらぼうな命令よりもはるかに巧妙なやり方で、これを受け取った同僚の役人は、その行間を読み取ることができた。

カッシオドルスはゴート人支配者とローマ人官僚との橋渡しをしていたが、古典文化と聖書の文化を結びつけることもした。道長官に任命された際に彼が書いた定型文の書簡は、ローマの役所を、旧約聖書の「創世記」中でエジプトのファラオから選ばれて不作と豊作の年の穀物供給を司った、ヨセフにまでさかのぼらせている。カッシオドルスはローマ司教のアガペトゥスとともに、古典テキストよりキリスト教聖書の解説を行なう教師のポストをまかなう基金を確立すべく働いた。この計画はアレクサンドリアのキリスト教徒の学校に関する記憶や、ペルシアのニシビスにあるキリスト教アカデミーに関する報告に刺激を受けたものであった。この計画はユスティニアヌスの再征服でイタリアが財政不安に陥ったのでご破算となってしまった。しかし、ローマのカエリウスの丘の図書館からは、書架の上の絵が描かれた碑文が得られた。そこでは図書館の創始者アガペトゥスが、「神の法を解説する聖人たち」の長い列の中に座している。「神の法」とは、すなわち、聖書のことである。

ユスティニアヌスの遠征によってカッシオドルスの公的な経歴は終わった。ベリサリオスがゴート人の首都ラウェンナを陥落させたとき、カッシオドルスに何が起こったかはわからないが、十年後、彼はコンスタンティノープルに現れている。おそらく、ゴート情勢のエキスパートとして外交に従事していたのだろう。また、神学的議論でも専門家として従事していたのは確かである。彼はアウグスティヌスがしたようにラテン語で詩編注解を書いたが、アウグスティヌスよりも古典教養を見せびらかした。

「おお、神よ。私はあなたに望みます。主よ、私を永久の混乱の中に投げ込まないでください。」ここで、再び仮言三段論法の愛しい顔が我々に微笑みかける。このように。もし、おお、神よ、私があなたに望んだなら、永久の混乱の中に投げ込まないでください。いまや、おお、神よ、私はあなたに望みました。ですから、私は永久の混乱の中に投げ込まれるべきではありません。〔カッシオドルス『詩篇注解』第二五章二節〕

カッシオドルスは最後にイタリアに戻った。おそらく五五四年に、イタリアに平和が戻ったので追放者は財産の返還を請求できるとユスティニアヌスが決めてすぐのことであった。カッシオドルスはローマの伝統に従い、カラブリアにあった一族の所領に引退し、文化的な余暇の生活の中で、再び古典文化とキリスト教文化を結びつける仕事をした。彼はここでもアウグスティヌスの例に倣った。アウグスティヌスは聖職者や司教になる前にイタリアから故郷に戻り、質素な家族の所有地にある小さな共同体で暮らしている。カッシオドルスは、養魚場を指すラテン語ウィウァリアから来たウィウァリウムと呼ばれる修道院的施設で本を集め、ギリシア語からラテン語への翻訳を委託し、写字生を訓練し、自らもいくつかの本を書いた。それらのなかで最も有名なのは『綱要』（インスティテューテス）で、これは彼の「聖なるテキストと俗なるテキストを読むための教本」であった。

『綱要』というタイトルは、入門書をさす一般的なラテン語の名称である。この著作は注釈をほどこされた図書館カタログのようなもので、一冊はキリスト教聖書に関するもの、もう一冊は自由学芸《リベラル・アーツ》に対するものであった。自由学芸とは、奴隷ではなく、注文を受けて有料で自分の専門技術を提供する必要もない、自由《リーベル》な人間にふさわしい技術《アルテス》をさす。アメリカ合衆国におけるリベラル・アーツ大学と、イギリスにおけるファキュルティ・オブ・アーツ大学はこの伝統を維持している。カッシオドルスは七つの自由科目を認めていた。最初にくるのは言語の使用に関連した三科目、つまり正しく形の整った文章の作法である文法と、公共における効果的な弁論法である雄弁術、それに定義と議論の技術たる弁証法である。これら三つはトリウィウム、すなわち中世教育の「三つの道」を形作った（今日トリビアルというと「重要でないこと」を意味するが、これも字義上は、このトリウィウムから来ている。三つの道の交差点で、人は立ち止まってゴシップを交換するわけだ）。三つの道の次にくるのが、基本的な原理に関心を寄せる四科目、クアドリウィウムで、算術、幾何学、音楽、天文学からなる。この文脈でいう音楽とは理論であり、実践ではない。楽器を奏でるのは技術だが、音楽は耳で聞く数学なのだった。

誰であれ高等教育機関で最近教えたことのある者なら、カッシオドルスの考えはよくわかるはずだ。重要なテキストが図書館から消え失せ、かわりは見つからない。そこで、そのテキストとは別の何かを入れることを考えねばならない。学生は内容と有益度と難易度を明確に示したリーディング・リストを求める。彼らは要約が好きで、もし関連する内容の抜粋が一冊の本になって、簡単に探す部分が突き止められ、こぎれいな装丁と目次付きであれば、そちらを読むほうをずっと好む。欄外余白に書かれた標示は、たとえば単語の定義やイディオムを示したり、あるいはある文章の一節は文法に関連し、別の一節は天文学に関連することを示したりするために用いることができる。学生は自分自身の言語や、あるいは翻訳でも、原典に当たるには限られた能力しかない。ギリシア語に堪能な者などほとんどいないからだ。一部には発音の変化のせいでもあるが、単語のスペリングは年々悪くなるばかり。カッシオドルスは九十二歳で、基礎的な教科書『正書法について』を書いた。テキストを写すときに、あまりにも不正確で読者が理解できなかったら意味がないと考えたからである。

カッシオドルスは、イタリアで戦乱の続く中、人里離れた共同体のなかでテキストを守り、写すことで古典文化を救って中世に伝えたのだろうか。そうだと考えてよいのだろうが、ウィヴァリウムの修道院で作られた写本がほかの図書館に送られて残った証拠はない。七世紀末にノーサンブリアのジャロウ修道院長となったケオルフリツ（コルフレド）はローマを訪れ、ラテン語聖書の完本を持ち帰っている。ウィウァリウム写本が八世紀のアミアティヌス写本の手本になったと考えるのがよさそうだ。この写本はジャロウ〔八世紀に聖ベーダが住んでいたことで知られる〕で作成され、現在残っている完全なラテン語聖書としては、最古のテキストである。確かなことはわからないが、カッシオドルスは、教皇アガペトゥスとの共同計画は挫折したものの、アウグスティヌスが『キリスト教のおしえ』で構想した教育を成立させる助けになった。カッシオドルスは、アウグスティヌスの同書を大変尊敬していたのである。

キリスト教徒と古典

アウグスティヌスは、カッシオドルスがイタリアに戻る百五十年前に『キリスト教のおしえ』を書いた。その本の大半は聖書の解釈と、そのメッセージをいかに効果的に説くかについてだったが、一方でアウグスティヌスは、古典文化が聖書に基礎を置くキリスト教文化にいかに有益であるかを問うてもいた。彼は古典文化とキリスト教文化の関係について、聖書の「出エジプト記」の物語を用いて説明している。すなわち、イスラエル人はエジプト人から金銀や高価な布をぶん取って、それらを真の神に対する奉仕に再利用したのである。アウグスティヌスが言うには、エジプトはキリスト教徒が捨て去らねばならない世俗的関心を象徴しているが、イスラエル人は真の宝をもって行くことができた。古典文化は道徳的訓戒やひとつである神に対する真実、有益な諸制度、さらに、何のためのものかを銘記し、それ自体に関心を持ちすぎなければ有益であるだろう、さまざまな芸術も、提供するのである。

アウグスティヌスは、著書『告白』の中で、自分が受けた古典教育は誤った価値をもたらしたと考えている。たとえば、Homicidium（殺人）という単語のHを書き忘れるのは、本当の殺人以上に悪いという考えがそれである。子どもが淫欲と暴力の物語を吸収する。両親は口では何を言おうが世俗的成功を望む。しかし、だからといってキリスト教徒は自分たちの住む世界の文化を拒否すべきではない。アウグスティヌス自身、経歴の初期には文法と修辞学を教えていた。それらは若者が公的キャリアのために訓練すべき技術であった。彼はかつての自分を厳しく批判しているが、少なくとも彼自身の言葉によれば、品行方正な生活をしようと試み、学生に、有罪な者をときには弁護してもよいが、無実の者を決して断罪しようとしてはいけないと教えていた。彼は『キリスト教のおしえ』の中で、民衆には高価な教育は必要ないと主張した。聖書の朗読を聞くことで修辞法を学べるからである。しかし彼はまた、修辞学は真実に対する奉仕に用いることができるのだから、民衆は、平易な文体のほうが好ましいからといって、高度な修辞学的スタイルで表現されているというだけで真実を退けるべきではないとも指摘した。

ほかの人々は古典文化とキリスト教文化をもっと対立的に捉えていた。アウグスティヌスが子どものころ、新しい皇帝ユリアヌスは、東地中海の諸都市で公的資金で雇うポストに任命されるべき教師を選ぼうとしているか尋ねられた。ユリアヌスが若いころ受けた教育はキリスト教と古典の組み合わさったものだった。そのうちキリスト教については、カッパドキアの辺境にある皇帝領で、司教ゲオルギオスから教育を受けたが、ユリアヌスはこの教師が嫌いで、一方古典教育については宮廷宦官マルドニオスから習っており、ユリアヌスは彼には好感を抱いていた。ユリアヌスは、そうすることが可能になったとたん、前任者でコンスタンティヌスの息子コンスタンティウス二世のキリスト教信仰を捨て去った。彼は自分のことを「ヘレネス〔ギリシア人〕」と呼んだが、これは、著作家たちが神と人間に関する普遍的な真実を表現したギリシア文化に彼がなじんでいたからだった。他方でユリアヌスはキリスト教徒のことを「ガリラヤ人」と呼んだ。彼らが辺鄙な属州の、さらに片田舎であるガリラヤ地方にいたイエスの教えに信頼を寄せていることを、自身の「ヘレネス」ぶりと対比させて強調するためであった。キリスト教は普遍的真実を教えているという主張をユリアヌスは受け付けなかった。ひとつにはキリスト教徒が救済はイエス・キリストを通じてのみ来ると言ったからであり、また、彼の経験からすると、キリスト教徒は自分たちの行動原則にのっとって生きていないからでもあった。あまりにも多くのユリアヌスの家族がキリスト教皇帝の命令によって殺害されていたのである。

東地中海の諸都市は、明らかに時代が変わったことに気づいた。ユリアヌスは、教師の選択は彼ら自身に委ねると語ったが、教育への関心を示し、教師の名簿をよこして自分の承認を得るよう望んだ。さらに続けて追伸の手紙を送り、そのなかで、教師は高い道徳規準を持たねばならないが、臣民は彼らの宗教信条の承認を受ける心配をする必要はないと説明した。だから、キリスト教徒にも選択の自由があったのである。キリスト教徒は、子どもたちにホメロスのような古典テキストをそのままの状態で教えることはできないだろう。それらは彼らの視点からすれば神々についての誤った信仰だからだ。だから、彼らは教会でキリスト教のテキストを教えるか、その信仰を変えて、神からインスピレーションを得たものとユリアヌスが信じた古典テキストを教えるか、二者択一をせまられた。

古代世界の政府は教育に責任は負わず、ユリアヌスの手紙も都市の後援者に依存したポストにのみ当てはまるものであった。しかし、この書状は一般に、キリスト教徒にすべての教職を禁ずる試み、あるいはキリスト教徒の子どもから教育を剝奪する試みとしてさえ解釈された。つまり、ユリアヌス自身が意図しないと明言していたようにとられてしまったわけである。ユリアヌスの称賛者のひとりで、意識的に公平であろうとしたアンミアヌスでさえ、この政策には賛成しなかった。キリスト教徒の歴史家は、ユリアヌスの背教とエルサレム神殿再建計画についてずっと辛口で評した。この神殿は三百年前にローマ軍によって破壊されたユダヤ教の神殿である。ユリアヌスの目から見れば、この計画には多くの利点があった。イエスは神殿は二度と建てられないだろうと語ったから、これはキリスト教への挑戦になる。また、ユリアヌスはユダヤ教を、犠牲によって神を讃える古代の伝統のひとつとして認められたし、これから侵略しようとしているペルシア帝国内のユダヤ教徒から支持を得たかったのだった。キリスト教徒が伝えるところでは、再建は中止になってしまった。最初は地震、ついで基礎部分から火事が発生したのである。十八か月の統治の後、ユリアヌスはペルシアへの悲惨な遠征で殺害されてしまう。彼は文字通り船団を燃やして、兵士たちに引き返せないことを知らせていた。キリスト教著作家によれば、最期の言葉は、「ガリラヤ人よ、お前たちは勝った」であったという。

ユリアヌスから百五十年後、カッシオドルスの時代に、古典文化とキリスト教文化のより劇的な対決が起こった。しばしば言われるように、ユスティニアヌスはプラトンのアカデミアを閉鎖した。それはよくできた話である。五二九年にひとりの不寛容なキリスト教皇帝が、千年前にプラトンがソクラテスの教えでもって始め、西洋の自由の諸価値の基礎となった、自由な知的探求の伝統を終了させる。最後のアカデミア学園長は同僚を連れてペルシアの宮廷に逃れた。もはやローマ帝国内では安全に教えることができなかったからである。同じ年、ベネディクトゥスがモンテ・カッシーノに修道院を建設した。彼の修道院規則は永続し、清貧、貞潔、従属に基づく生活様式を確立した。あるいは、この生活様式は見方を変えれば、社会や家族、自己へのこだわりを捨てることで確立されたとも言える。

「ユスティニアヌス帝がアカデミアを閉鎖した。」多くのドラマティックな声明と同じく、このフレーズも条件付きで読む必要がある。これはイオアンネス・マララスの年代記に基づいている。彼はコンスタンティノープルに住む、ユスティニアヌスとほとんど同時代の歴史家であった。この年代記の現存する要約には次のような記述がある。「皇帝はアテナイに勅令を送った。それは誰も哲学を教えたり、天文学を説明したりしてはならない。いかなる都市でサイコロころがしがあってもいけない。なぜなら、ビュザンティオンの町で、サイコロを投げてきわめて重大な冒瀆を犯した者がいたからである。」この最後のフレーズは、ありふれた占い禁止令の類に似た感じがする。こうした占いは、占星術におけるように、星を観察したり、サイコロを投ずるなどの偶然によってよく行なわれた可能性がある。しかし、この文脈のなかで、なぜ哲学を教えることを禁止したのだろうか。

プラトン主義哲学者のなかには、神々は宇宙のはたらきの中で意図を明らかにしていると教える者がいた。当時アテナイのプラトン学園長、ダマスキオスもそうだった。アテナイのキリスト教徒はユスティニアヌスの勅令にいくぶん影響を与えたかもしれず、また現地の総督もこの法令をアテナイに関係するとみていると確信したのかもしれない。一九七一年に、考古学者はアレオパゴス近くで、異教の神々の顔が削られ十字架が床モザイクに挿入された、六世紀初頭の邸宅を発見した。これは、少なくとも強い感情の表現である。もうひとつのユスティニアヌスの法令は、幾人かのキリスト教徒が異教の行事に参加していたと発覚したことへの反動であった。「ヘレネス」、すなわち異教徒は、市民権や財産を失いたくなければ教導された上で受洗すべきであり、たとえ以前に皇帝の許可を得ていても、教えたり公的資金からの給与を受け取ることは禁じられるべきである。犠牲や偶像崇拝の罰は死刑であった。さらに、異教徒や異教的な団体への遺贈にも追加の禁令が出されたことで、プラトンの学園もその基金を失ったことを意味した。学園は学生を集めることも、没収の危機にある基金を残すこともできなかった。ダマスキオスには交渉の才能があるとの評判はなかった。五三一年、彼と同僚はペルシアに逃れ、一年後にペルシアとの新しい条約に守られて帰還した。そして、彼らに何が起こったか、あるいはアテナイのプラトン主義哲学の教えに何が生じたのかについては、何もわからない。わかるのは、キリスト教徒であれ、非キリスト教徒であれ、哲学者は引き続きプラトンの作品を必要としていたということである。

第8章　決定的変化は起こったか

ナイル川と死海の東岸はいずれも砂漠である。そこを故郷とする人々は遊牧集団の常として、動きが予測できず、同定も難しい。セム語の「アラブ」という言葉は、その土地と、そこに住む遊牧民の両方を指している。ギリシア語とラテン語の著作家たちは通常これらの人々をサラケーニーと呼んでいた。そしてアンミアヌスは、フン人を論じたときと同じく、彼らの風習について、短いが印象的な記事を提供している。

我々はサラセン人を友としても敵としても決して求めない。彼らはその土地をあちこち放浪して、見つけたものは何でもたちまち奪う。まるで空高くから獲物を見つけ、すばやく舞いおりてさらう強欲なトビのように、何も獲物がなければ、いつまでもその辺にうろうろしたりしない。これらの民の起源はアッシリアからエジプトの諸瀑布まで広がる。彼らはみな戦士で、半裸、脚の付け根ぐらいまでの短い染めた外套を着て、平時も緊急時も足の速い馬か痩せたラクダに乗り、広範囲を移動する。彼らの誰ひとりとして手に鋤《すき》を持とうとはせず、木を育て畑を耕して生計を立てようとする者はない。常にはるか遠くまで放浪して、家もなければ定まった居住地も、法も持たない。彼らは同じ空の下でじっとしていることができず、またひとつの区域の空間で満足することも絶対にない。その人生は終わりのない飛行だ。彼らの妻は契約で一時雇いされたようなもので、見かけは結婚のような形をとって、夫となる人に槍とテントを嫁資として贈る。しかし、もし妻が望むなら、合意ののち別れることができる。両性とも信じがたい激情の虜になる。彼らは生涯にあまり広範囲を放浪するので、ひとりの女性がある場所で結婚しても、出産は別の場所になり、子どもたちはさらに遠いところで育て、休息の余地はない。彼らはみな野生の獣の肉を食べ、豊富な乳で養われる。植物も多くの種類がある。また彼らはどんな鳥でも捕えることができる。彼らのなかに穀物やワインをどう扱ってよいかわからないのが大勢いるのを、私は目撃している。〔アンミアヌス『歴史』一四巻四章〕

キリスト教徒の著作家は、彼らをユダヤ・キリスト教の歴史伝統の中に位置づけようとして、「サラケーニー」という名前を用いる。「創世記」によると、アブラハムの妻サラは子どもがなく、自分のエジプト人女奴隷ハガルとの間に子どもをもうけるようアブラハムに頼んだ。

神はアブラハムに、ハガルの息子イシュマエルは大きな国を建設するだろうと語ったが、神の契約はサラの息子イサクと結ばれるであろうとも告げた。イシュマエル誕生から長い年月が経ってからイサクが生まれたとき、アブラハムはしぶしぶハガルとその息子を砂漠に追い出した。そこで、砂漠に住むサラケーニーは、ある意味で、サラの民だということになり、キリスト教徒の著作家は、彼らをハガレーネース〔ハガルの民〕とかイシュマエリテース〔イシュマエルの民〕とも呼んだ。五世紀初頭に、教会史家ソゾメノスは次のように語っている。これらのアブラハムの別系統の子孫たちは、割礼や豚肉食の禁止を含む多くの習慣をユダヤ人と共有している。彼らのうちある者は元の伝統を忘れて近隣諸民族の神々を崇拝し、ある者はユダヤ教の伝統に戻り、また別の者は砂漠地帯に住む聖職者や修道士の例に刺激されて、キリスト教に改宗した。

ローマ人はサラセン人を友人にも敵にもしたくなかったとアンミアヌスは語ったが、六世紀までに状況は北方とよく似てきた。ローマとペルシアの支配者はこの人々の指導的な家族と同盟を結び、遊牧民は定住したり、ローマやペルシアの司令官と同盟を結んだり、あるいはローマ領やペルシア領に侵入した。七世紀にさらに変化があった。エルサレム総主教のソフロニオスは、六三四年、キリスト教徒住民に説教を行なった。残念ながらエルサレムのキリスト教徒住民は、イエス誕生を祝いにベツレヘムに行くことができなくなったというのである。サラセン人が道を塞いでいたためだった。以前に同様のことが起きたときには、ソフロニオスはそれ

15　聖カテリナ修道院、シナイ半島。アラブ人の侵入に対して城塞化されている。

を罪のせいだとした。今回は違うことに気づいた様子はなかった。しかし、アラブ人は今回は砂漠に引き返そうとはしなかった。おそらくその同じ年に、ある対話集がカルタゴで著された。それはカルタゴを舞台に、パレスティナ出身でキリスト教に改宗するよう強いられたユダヤ人と、彼がその時説得しようと望んでいた別の数名のユダヤ人たちとの対話を収めたものである。彼らのなかのひとりが兄弟から得たニュースを知らせた。それは、サラセン人のあいだに預言者が現れたが本当の預言者ではないというものだった。なぜなら、その人物は救世主をほめたたえず、剣を帯びていたからである。

クリスマスの説教ののち、ソフロニ

オスは日を追って強い調子で危険に対して語るようになっていった。それは六三七年に彼がカリフ・ウマルに市を明け渡して降伏するまで続いた。サラセン人はいまやよく組織されたアラブ軍の一部であり、しかもこの軍隊はイスラームという新しい宗教運動とその預言者ムハンマドによって鼓舞されていた（ムハンマドはユスティニアヌスが死んだ五六五年ごろに生まれ、六三二年に死んだ）。イスラームの伝承によれば、ソフロニオスは聖墳墓教会で祈るようカリフ・ウマルを招いたが、ウマルは部下が教会を占領してしまうのを恐れて断ったという。代わりに、「神殿の丘」の廃墟のあいだで祈り、そこにモスクを建てるべしという命令を出した。七世紀末までに、「岩のドーム」が聖墳墓教会に向かいあって建てられ、エルサレムはアブラハムから発したと主張する三つの宗教すべてにとっての聖なる都市となった。

敗北――ペルシアとアラブ

アラブの征服はとてつもなく速かった。それは、いまやコンスタンティノープルを中心とするようになったローマ帝国と、その宿敵たちとのあいだで二十年にわたって繰り広げられた戦争に続いて起こった。その戦争は東方のペルシア人とバルカン半島の諸蛮族が相手で、今回の蛮族はモンゴル起源のアヴァール人と、ステップ地帯から来たスラヴ人であった。ローマ皇帝ヘラクレイオスは、数年にわたる内戦ののち六一〇年に、悲惨な状態にあった国の帝位についた。ペルシア人はローマ支配下のアルメニアを侵略し、アルメニアからメソポタミアまでどこでも自由に軍を動かして攻撃することができた。コンスタンティノープルは、まだユスティニアヌスによって再征服された領土のいくつかを支配していたが、ラウェンナやカルタゴ周辺地域は軍事的にも財政的にも助けにはならなかった。六一八年、ヘラクレイオスはコンスタンティノープルでのパンの配給を廃止した。地元からの供給では足りず、アフリカやエジプトからの輸入供給は確実ではなかったからである。

ペルシア人はユーフラテス川を越え、アンティオキアでヘラクレイオスを破った。彼らはシリアを奪取し、エルサレムを占領して、聖十字架の聖遺物をペルシアの宝物庫に持ち帰った。さらに、彼らはアレクサンドリアを奪い、ナイル渓谷とそこでとれる穀物の領有を主張した。北方では小アジアを侵略し、カルケドンにまで達した。この町はコンスタンティノープルからボスフォロス海峡を挟んで対岸にあった。ペルシア人はさらにキュプロスを占領し、サルディス、エフェソス、アンキュラといった小アジア本土の諸都市を略奪した。一方、アヴァール人はこの間バルカンの諸地域を荒らし回り、ヘラクレイオス自身もう少しで捕えられるところであった。コンスタンティノープルは、西からも東からも、陸からも海からも脅威に曝されていたのである。

ヘラクレイオスはどうにか軍を集め、アナトリアで反撃に転じた。彼は自軍に向かって、これはキリスト教をペルシア人の宗教から守る聖戦であると語り、ゾロアスター教の拝火神殿の破壊を命じた。初期イスラームの著作家は、キリスト教徒と同様、ヘラクレイオスを称賛している。アブラハムの宗教を、彼らにはペルシア人の偶像崇拝と見えるものから守り抜いたからである。ただし、それはヘラクレイオスがイスラームに反対するまでだった。コンスタンティノープルでは、総主教セルギオスが蛮族への抵抗を組織し、ブラケルナエの聖処女マリアに望みを託し、人々がアヴァールの攻撃に抵抗できるよう、彼女のイコン画が城壁の上に運ばれた。ブラケルナエ教会は市の北壁が金角湾に接したところにあり、テオドシウス二世の姉プルケリアによって完成された。伝えられるところでは、彼女はまたパレスティナから聖母マリアの死装束であったと信じられている外衣をコンスタンティノープルにもたらした。聖母マリアはそのまま被昇天したので、肉体的な聖遺物は何も残していない。コンスタンティノープルより西のテサロニケでは聖デメトリオスが、当時丸木舟でエーゲ海じゅうを巡回していたスラヴ人から町を守ったというので讃えられた。

かつて内戦の影響でひどく苦しめられたヘラクレイオスは、ペルシアの内戦で救われた。この内戦は三百年続いたササン朝帝国に終焉をもたらしたのである。彼は領土の返還を要求し、また「真の十字架」をエルサレムに戻した。これは神の承認のしるしと受け取られた。しかし、ヘラクレイオスにはこれ以上の人的・財政的資源がまったくなかった。ペルシアの侵略のせいで、税の基盤となっている諸都市が深刻な打撃を被っていたからである。さらに、領内のキリスト教徒は、依然として神学と伝統で分裂しており、統合しようとする皇帝の試みのことごとくを恨んでいた。

勝利から六年のち、アラブ軍がシリアでヘラクレイオスを破った。六三五年から六四五年の間に、アラブ軍はダマスコス、アンティオキア、エルサレムを奪取し、同時にペルシア軍も破った。彼らはシリアから東方に向かい、ユーフラテス川を越えてエデッサを奪い、ティグリス川を越えてペルシアの首都クテシフォンを落とした。そして西に取って返してアレクサンドリアを攻め取った。ダマスコスに首都を置くウマイヤ朝（六六一－七五〇）は、その領土を東は中国、西は北アフリカやヒスパニアを経て南部フランスの大西洋岸にまで拡大した。六七四年には、ウマイヤ朝の軍勢はコンスタンティノープルを攻囲し、ボスフォロス海峡を封鎖した。しかしこの都市は城壁に守られ、ビザンツの艦隊は「ギリシアの火」を効果的に使用した。これは発火性の武器で、少し前に開発、改善され、水上でも燃え続けた。おそらく、黒海から採れるナフサ（原油）を原料にしたものだったのだろう。七世紀末までには、アラビア語がギリシア語に代わって中東の行政言語になった。コンスタンティノープルはローマ帝国の首都であり続けたが、それはギリシアとバルカンと小アジアの領土を守るために、スラヴ人やハザール人、ブルガール人と戦い続け、またさらなるアラブの攻撃に抵抗し、教皇やそのほかの西ヨーロッパ諸勢力と交渉、もしくは論争しながらのことであった。

帝国は滅びたのか

イスラームの到来で古代末期の歴史は終了というのが通例である。大半の史料はギリシア語やラテン語で書かれたものを用い、イスラームよりもキリスト教の伝統になじんだ国々出身の歴史家にとっては、地中海が「我らの海」、つまりローマ領に囲まれキリスト教皇帝によって統治されたローマの湖であることをやめたとき、世界が変わったのは疑う余地のないことと思えた。ベルギーの歴史家アンリ・ピレンヌが、著書『ヨーロッパ世界の誕生――マホメットとシャルルマーニュ』（一九三七）で提示した考え方である「ピレンヌ・テーゼ」に従えば、西方のローマ帝国は、四七六年に最後の西帝国皇帝が廃位されたときに滅亡したのではない。むしろ、断絶は七世紀にイスラームが中東を征服して地中海の長距離貿易を終わらせたときに、またシャルルマーニュがフランク王国を新しいローマ帝国に変えたときに出現した。彼の帝国は、西ヨーロッパと中部ヨーロッパの大部分に広がっていた。シャルルマーニュが八〇〇年のクリスマスに戴冠したとき、ふたたびローマ皇帝が二人いることになった。一人は西ヨーロッパに、もう一人はコンスタンティノープルに。しかし、それは統一されたローマ帝国ではなかった。じっさい、地中海の東岸、南岸、さらには西岸までイスラームのものであったし、北岸でも権力は分裂していた。東方では、ダマスコスを首都として、地中海に近かったウマイヤ朝のカリフ制が、八世紀になるとアッバース朝にとってかわられ、新しい首都はバグダッドに移った。しかし、地中海では依然アラブ人の存在感が強かった。

歴史家と考古学者は、これらの変化について議論し続けている。彼らが問うのは、地中海規模の貿易が本当に衰退したのか、宗教的分裂が本当にアラブへの抵抗を弱めたのか、アラブの征服が本当に突然で圧倒的なものだったのか、それとも、これまた蛮族への順応と妥協の問題だったのか。これらの諸変化はそれらを生き抜いた人々にとって、どれほど激しく、また継続的なものであったのか。ひとつの小さな事例がある。六四三年四月二十五日付の、ギリシア語とアラビア語で書かれたパピルスの領収書である。これにはエジプトのヘラクレオポリスの役人クリストフォロスとテオドラキオスが、太守《アミール》アブダッラーに六五頭の羊を贈ったことが記録されている。ギリシア語版は書記で輔祭のイオアンネスによって記され、羊はサラセン人の出費で賄われたと書かれている。一方、アラビア語版では、羊のうち何頭かは船乗りや騎兵や歩兵のために屠られたと記されている。この領収書に記された名前は、伝統が混ざりあうさまを描き出している。ヘラクレオポリスという都市名は、ギリシアの英雄で、ゼウスと人間の女との間に生まれた息子ヘラクレスにちなんだもので、彼は怪物退治や大変な食欲、飲みっぷり、絶倫の性欲で有名である。クリストフォロスとイオアンネスは、言うまでもなくキリスト教徒の名前であり、「神からの小さな贈物」を意味するテオドラキオスもまたキリスト教徒の名前である。一方、アブダッラーは「アッラーの僕」を意味する。そして表紙の但し書には、これは「第一インディクティオ〔十五年期〕の税」の頭金、と記されている。インディクティオというのは税の支払いに関する周期で、それを記録した官僚機構とともに、ローマ支配下から存続していた。

もうひとつの事例は、七五四年のモサラベ年代記である。モサラベとはアラビア語起源の言葉で、「アラブ化した」を意味し、この年代記はヒスパニアのイスラーム支配下地域に住む人々の話すラテン語に言及している。アラブ軍は七一一年、アフリカからヒスパニアに渡ったが、年代記の著者は、この侵略が以前の西ゴート人からの侵略と何か異なるとは示唆していない。これらの史料からうかがえるのは、アラブの支配権奪取は深い傷を残す決定的変化ではなかったということである。しかし、これらの史料だけでは話の全体像がわからないので、判断を誤る恐れもある。七世紀から八世紀にかけてのギリシア語とシリア語の年代記に諸事件の記録があり、セベオスに帰されるアルメニア語で書かれた歴史もある。しかし、戦争と政治を解釈する偉大な古典の伝統に連なるギリシア語の歴史は書かれていない。また、アラビア語の史料は後世のもので、伝説の連なりから引用している。学者たちは、イスラーム支配者の庇護下にあって、特別な税を払う非イスラーム教徒であった「ズィンミー」の経験についての議論を、またイスラームへの改宗の結果生じたであろう信仰や慣習、文化の変化についての考察を続けている。

相互作用

歴史の断絶にともなう問題は、複雑に絡み合って続く紐をどこで断ち切るかという問題である。過去半世紀の間に、多文化的諸社会に住む歴史家と読者にはこの相互関連はずっと明白になってきた。アラビア語は、それを行政言語としたウマイヤ朝以前においてさえ、多くのユダヤ教徒やキリスト教徒の言語であった。ユダヤ教徒、キリスト教徒、ムスリムの神学者が神とこの世の関係を議論したとき、彼らはギリシア哲学の概念を用いていた。ギリシア哲学はときにシリア語を仲介しながら、アラビア語に訳された。キリスト教テキストもまたアラビア語に訳された。判明している最初のアラビア語聖書は福音書で、七世紀末にギリシア語から訳されている。八世紀末に、アッバース朝の新しい都であるバグダッドで、キリスト教徒の学者とユダヤ教徒の学者たちは、ペルシアの旧都クテシフォンから移ってきた東方教会の総主教ティモテオスを仲間に加えた。カリフから弁証法的推論に関するアリストテレスの著作『トピカ』を翻訳するよう頼まれたとき、ティモテオスはシリア語版を用いたが、ギリシア語テキストを参照する際に、ムスリムの総督の秘書を務めていたキリスト教徒アラブ人の助けを必要とした。ティモテオスはまたシリア語で、キリスト教とイスラーム教の利点に関してカリフと交わした議論の詳細を書いている。これはアラビア語に訳され、キリスト教徒のあいだでたいそう人気となった。ティモテオスはムハンマドを称賛したが、それはアブラハムやモーセが偶像崇拝と戦ったのと同じように、ムハンマドも偶像崇拝と戦ったからであった。

八世紀の初頭のダマスコスのイオアンネスは、おそらくイスラームに関する知識を示した最初のキリスト教徒著作家となった。彼がイオアンネスという修道名を取ったのは、エルサレム近くの共同体に加わったときだったが、一方でマンスールというアラビア語名も持っており、彼の肖像画はしばしばターバンを纏って描かれる。イオアンネスはそのキャリアをウマイヤ朝の公職者としてダマスコスで始めた。家族はシリア人で、祖父はアラブの征服前もそれ以後もダマスコスで役人をしていたと言われている。イオアンネスは、依然としてコンスタンティノープルの支配下にある領域を訪れたことは一度もなかったが、ギリシア語で書かれた彼の神学は、その支配領域内で大変な影響力を持った。彼の視点からすると、イスラームというのは、それまで彼が論じた百ほどの異端に最も新しく加わったものに過ぎず、ほかの多くの異端と同様、キリストの性質をとらえそこなっているのである。イオアンネスは、ムハンマドと彼に従う者のおもな信仰内容、それに彼らのキリスト教に対する異議について簡潔にまとめ、クルアーンについても多少の知識があった。神学面で意見の合わないキリスト教徒からは、あまりにもイスラームに近すぎると言われていた。

イオアンネスはイコン（聖画像）に関する論争に貢献した。この議論はかなり以前から続いていたが、八世紀により顕著になった。イコンの論争は、文化間の相互作用や正統信仰に対する要求にかかわる疑問を呼び起した。イコノクラスム（字義どおりには画像の破壊）と、賛成しない者への暴力による弾圧を促進したのである。イコノクラスムは、イスラーム神学者に対する反応のひとつであったのかもしれない。彼らは人間と神のあいだによけいな仲介者を必要としないと考え、キリスト教徒がイコンや聖遺物への崇敬を正当化することに対して挑戦した。あるいは、イコンが必ずしもイスラームの侵略から守ってくれないので、議論が激化したのかもしれない。さらにこれはイコンに対する崇敬自体が侵略の原因となっているのではないかという意見の裏付けとなった。つまり、モーセの十戒で禁じられている偶像崇拝の罪に対する罰だというのである。旧約聖書でも、イスラエルびとは神から離れて偶像にすがったときに敗れ、国を追われて流亡するという罰を受けた。

ギリシア語には「画像」に対する単語が二つある。実物の影を現わすエイドーロンと、実物を写して表現したエイコーンつまり似姿である。これらの単語は、それぞれ「アイドル」と「アイコン」という英単語の語源となっている。何人かの古代の哲学者は、神々を画像で描くのは誤りに導くことになると論じた。それらの画像は人の手で作られ、人間の限られた理解を示しているに過ぎないからである。キリスト教徒は彼らのこの議論を喜んで借用し、異教徒に対して用いた。人間が作ったとわかっている神をどうやって信じることができようか、と。しかし別の哲学者たちは、神々は人の作った画像で表現されることを望んでおり、伝統的な神々の表現は、神々が与え、運んだ真実である、と論じている。キリスト教の画像は、キリスト教信仰の中心にある神学的疑問を引き起こした。我々は神を見ることも描くこともできない。しかし、神はキリストにおいて人間となった。これを説明したり表現したりすることはいかにして可能なのか。

古代末期においては、現在でも一部はそう信じられているように、キリストやその母マリアのイコン、あるいは聖人や天使のイコンには聖性が宿っていると信じているキリスト教徒がいた。おそらく、立体的な像がより明白に物質世界に属する物であるのに対して、イコンは霊的世界に開いた窓と考えるとわかりやすいのだろう。八世紀半ばに、イコノクラスト（イコン破壊論者）たちは、画家によって描かれたイコンは、神によって与えられた聖体や神に捧げられた教会、それに十字のしるしと同等の、聖なるものとはなり得ないと論じた。一方、イコン支持者たち（「画像を愛する者《イコノフィル》」と呼ばれた）は、イコンは人間の手で作られたのではない力を持っており、聖母マリアのイコンがコンスタンティノープルでペルシア人やアラブ人を追い払うことができたのはそのためだと言った。いくつかのイコンは人間の手で作られたのではなく、奇蹟によって存在するようになったと言われていた。よくあるように、宗教上の議論は政治や暴力と深く関わることになった。皇帝たちは公会議を招集し、公式文書を発布し、議論をやめさせるべく勅令を出した。主教と修道士たちは誤った見解を持ったとしてのしられ、追放された。殉教者物語が生まれ、イコノクラスムの終了は正統信仰の勝利として祝福された。

はたして閉幕したのか

古代末期は限界と損失の物語として表現することができる。西ローマ帝国がゲルマン民族の手に落ち、東ローマ帝国がその領土のほとんどをアラブの侵入で失ったことで、ローマはもはや地中海で自由に貿易できなくなった。これらの大きな損失以前にも、中央集権的な官僚機構が繁栄する古典古代都市から資源と才能を奪った。社会は固定化され、階層秩序化した。人々は家族の生業を継ぎ、あるいは実質上農奴として居住する土地に留まるように法で定められた。農奴は土地所有者の奴隷ではなかったが、その所領に縛り付けられていた。古典古代都市は農村が成長するにつれ縮小し、衰退した。地方では、有力者は自らの所領に住み、都市参事会員たちや帝国がもはや与えることのできない保護を村人たちに提供していた。政府が雄弁術を無用の長物として扱ったために、古典教育も消失した。古典文学の形式はもはや用いられず、ヘラクレイオスの治世以降、偉大な古典伝統に基づいた歴史叙述はなくなった。古典テキストは入手困難となり、古典学芸はもはや生きた文化ではなく、かわりにセビリア司教イシドルスの『エティモロギア』のようなハンドブックやレファレンス的な著作の項目主題となった。古典哲学の諸著作はまだ読まれていたが、哲学の学校でじっさいに議論の対象とされることはなくなっていた。

これはひとつの精神の終了に見える。宗教的著作家は、自発的貧困と悔悛の生活のために社会的、家族的紐帯を捨てるよう人々に強く勧め、伝記作者はこのような艱難辛苦をほめ讃えた。異教徒やユダヤ教徒、マニ教徒、異端は、キリスト教徒がかつて被ったほどの残酷な迫害にはあわなかったが、法的制限や偶発的な暴力を受けた。そしてユスティニアヌスは、男性の同性愛を自然の本性に対する攻撃であり神の怒りを招くとして非難した。知的エネルギーは、宗教論争や承認された権威者の見解の収集や模倣、あるいは異端の分類や非難にあてられた。「正しく考える」正統信仰は必要であり、とくに公職に就く者にはそうであった。三世紀に法の専門家ウルピアヌスは、考えることで罰せられる者はいないと述べた。しかし、四世紀以降はキリスト教皇帝が異端に対する訴えに応じた。

アレイオス派、マケドニオス派、プネウマトマキ、アポリナリオス派、ノウァティアヌス派もしくはサバティアノス派、エウノミオス派、テトラディタエもしくはテッサラカイデカティタエ、ウァレンティヌス派、パピアニスタエ、モンタノス派もしくはプリスキリアノス派、フリュギア人もしくはペプジタエ、マルキアノス派、ボルボリアニ、メッサリアノス派、エウティキタエもしくは熱心党、ドナトゥス派、アウディアニ、ヒュドロパラスタタエ、タスコドロギタエ、バトラキタエ、ヘルメイキアニ、フォティニアノス派、パウリキアノイ、マルケリアニ、オフィアノイ、エンクラティタイ、アポタクティタエ、サッコフォリ、それから邪悪さの最低の極みに達した者どもであるマニ教徒。こうした者どもはローマ領内のどこであれ、集まることも祈ることもしてはいけない。とくに、マニ教徒とドナトゥス派の者どもは、彼らの狂気から来る行ないをやめようとしないと聞いている。(中略)もし何人であれ、これらの禁じられた不法行為にあえて深くはまり込むなら、彼がこれまでの数えきれない法令と、我らが寛容なる皇帝によって公布された法の網の目をかいくぐって逃れることのないように。また、彼には、もしいかなる扇動的集会がこれまであったとしても、それより厳しい関心の矢が起こり、また向けられることを疑わせないように。〔『勅法彙纂』一巻五章五抜粋。四二八年、テオドシウス二世の法令〕

「より厳しい関心の矢」には罰金、財産没収、遺産贈与と相続への制限、焚書、追放が含まれていた。

「異端」とは次のように要約できる。ギリシア語の「ハイレシス」とは「選択」を意味する。そこから転じて哲学や医学の思想の学派を意味するようになった。学派にはいろいろあり、哲学者ならストア派に従うもよし、プラトン開設のアカデメイアに行くもよし、またプラトン主義に対する別の解釈に従うのもまた選択肢のひとつであった。あるいは、これらすべてを拒否して、宇宙は原子のランダムな衝突によって始まり、死後の世界などなく、神々は人間の意識やそのほかの事柄の何にも影響されないと説いた、エピクロスを好むという選択もある。医者の場合でも、病気の一般理論をまったく持たずに経験に基づいた療法を用いる経験主義派に従うか、逆に病気の体は極端に痩せているか太っているかだと考える方法論派に従うかの選択ができた。異なった視点を持つ者からの反論よりも悪いことは他になかった。反論のせいで、医者なら商売、哲学者は学生を失う結果になりかねなかったからである。しかし、古代末期のキリスト教の文脈のなかでは、「異端」は危険で悪しき選択、正統信仰と個人の魂を脅かす誤りに導かれた信仰なのであった。だから異端者は破門された。破門とは、すなわち、教会のほかのメンバーとのコミュニケーションから締め出されるということである。彼らの本は燃やされる場合もあり、その思想が残っている場合でも、反対者が憤然として引用した、おそらくはねじまげられた形でのみ残っているに過ぎないのである。コンスタンティヌスが権力を掌握したときに書かれたエウセビオスの『教会史』では、正統信仰がキリスト教の始まりから伝えられたものとして描かれている。それは連綿と連なる司教と、外からの迫害およびはるかに危険な内なる異端の脅威に対する勝利の物語であった。最近の歴史家のあいだで有力になってきたのは、何が正統信仰かを決定する際の交渉や操作についての研究である。

しかし、希望のしるしはある。神経のすり減る仕事ではあったが、フン人のアッティラと交渉することは可能であった。蛮族はローマ人のあいだに住み、ローマ人と通婚し、また、王と法律を持つ自身の共同体を形成することができた。キリスト教徒とユダヤ教徒とムスリムは神学や哲学、それに医学について議論することができた。「異端」的な解釈は古代末期のキリスト教の範囲内に残っていた。おそらく、歴史家は戦争の衝撃や平和と財産の喪失よりも、エリートのあいだでの文化交流にあまりにも関心を寄せすぎてきたのだろう。しかし、民衆は慈善で施しをすべきであり、支配者は貧者に関心を寄せるべきだという期待が高まっていくことを歴史家が強調したのは正しかった。古代末期研究は、区別を際立たせ、境界を明確に切り取る考え方と戦ってきた。ローマ人と蛮族、異教徒とキリスト教徒とユダヤ教徒とムスリム、正統信仰と異端信仰の信者たち、勝利と衰退などの区別と境界である。

歴史のどのような時代の研究にもいくつかの問題は繰り返し起こってくる。知りたいのは何についてなのか。偉大な民族と大事件なのか、それとも個人の生活なのか。あるいは社会や政治システムなのか。経済か、信仰についてか。誰が、また何が変化を引き起こしたのか。神の力か、それとも並外れた人々か。モラルの質もしくは集合的行動が原因なのか。経済や環境に要因があったのか。それとも普通の人々の雑駁な生活の中に解答はあるのか。我々は過去の何を評価するのだろうか。人間性は変わらないということなのだろうか。また、我々自身の世界での戦いで、何が一番問題なのだろうか。気候の変化か、現金の不足か、あまりに多い蛮族か。古代末期はいくつかの答えを提供する。秩序を維持し、物資や思想の交換を可能とするには、ある種の帝国、もしくは受け入れられた権威のシステムが必要である。他方、慈善活動のため、あるいは正しいとされた諸価値に挑戦するためには、ギボンがカピトリヌスの丘の神殿跡でその歌声を聞いた修道士たちが必要とされる。最後にアウグスティヌスに戻ろう。この世では神の国と地上の国が混在している。誰がどちらに属しているかはわからない。しかし、それぞれの国の市民権は、何を愛するかによって決まるのである。

略年表

※すべて西暦紀元後。皇帝名は在位年を表す。

一六一－一八〇年　マルクス・アウレリウス帝。
一九三－二一一年　セプティミウス・セウェルス帝。
二一二年　アントニヌス勅令。帝国のすべての自由民にローマ市民権が与えられる。
二二三年　法律家ウルピアヌス死去。
二四九－二五一年　デキウス帝。神々への犠牲を要求。
二五三－二六〇年　ウァレリアヌス帝の治世。二六〇年、同帝がペルシアのシャープール一世に捕えられる。
三世紀末　新プラトン主義哲学者プロティノス、ポルフュリオス、イアンブリコスが活躍する。
二八四年　ディオクレティアヌス帝が権力を掌握。
二九二年ごろ　共住式修道制の先駆者、パコミオス生まれる。
三〇三－五年　ディオクレティアヌス帝によるキリスト教徒への大迫害。
三〇五年　ディオクレティアヌス帝引退。

三〇六年　コンスタンティヌス、配下の軍によって皇帝に推戴される。
三一三年　ミラノ勅令が信教の自由を宣言。
三一三年ごろ　教会史家エウセビオス、司教（主教）となる。
三二四年　コンスタンティヌス、ローマ帝国の単独支配者となる。
三二五年　ニカエア公会議がアレイオスの教説を否定する。
三三〇年　コンスタンティノープル落成。
三三七―三六一年　コンスタンティウス二世帝。
三五六年ごろ　禁欲主義の先駆者、エジプトのアントニオス死去。
三六一―三六三年　「背教者」皇帝ユリアヌス。
三六六―三八四年　ローマ司教ダマスス。
三六七―三八三年　グラティアヌス帝。
三七八―三九五年　テオドシウス一世帝。
三七八年　アドリアノープルの戦い。ゴート人がウァレンス帝を打ち負かし、殺害。
三八四年　「勝利の女神」の祭壇撤去事件。
三九〇年代初頭　アンミアヌスの『歴史』完成。九六―三七八年を扱うが、三五四―七八年の分のみ現存。
三九五年　アウグスティヌス、ヒッポ・レギウスの司教となる。テオドシウス一世帝死去。スティリコ摂政となる。帝国はギリシア語圏の東方とラテン語圏の西方に分かれる。
四世紀末　司教（主教）――カエサレアのバシレイオス、ナジアンゾスのグレゴリオス、ニュッサのグレゴリオス、イオアンネス・クリュソストモス、ミラノのアンブロシウス、ノラのパウリヌス。
修辞家――リバニオス（三一四－三九三）、テミスティオス。
聖書学者ヒエロニムス（司教ではない）。
四一〇年　アラリクス率いるゴート人によるローマ市略奪。
四一三－四二八年　アウグスティヌス、『神の国』を書く。
四一五年　ヒュパティアの殺害。
四一七年　オロシウス、『異教反駁史』を執筆。
四三〇年　アウグスティヌス死去。
四三一年　ヴァンダル人、カルタゴを奪う。
四三七年　『テオドシウス法典』完成。
四四八年　プリスコス、フン人王アッティラ（在位四三九ごろ－四五三年）の許へ使節として向かう。
四五一年　カルケドン公会議が「単性論」神学を否定。
四五五年　ヴァンダル人によるローマ市略奪。
四五九年　柱頭聖人シュメオン死去。
四七六年　ロムルス・アウグストゥルスの廃位。彼は伝統的に最後の西ローマ帝国皇帝とされる。
四九三－五二六年　東ゴート王テオドリクス、ラウェンナからイタリアを統治する。

五二五年ごろ　ボエティウスの処刑。
五二六−五三四年　アマラスンタ、摂政として東ゴート王国を統治。
五三五−五三六年　テオダハドゥス、東ゴート王国を統治。
五二七−五六五年　ユスティニアヌス帝。
五二八年　『ローマ法大全』完成。
五三二年　ニカの乱。
五四二年　疫病、コンスタンティノープルに到達。
五五〇年　プロコピオス、『戦史』を公刊。
五五四年頃　カッシオドルス、ウィウァリウムの彼の修道院所領に戻る。
五六五頃−六三二年　イスラームの預言者ムハンマド。
六一〇−六四一年　ヘラクレイオス帝。
六三七年　アラブ軍、エルサレム攻略。
六五一年　ペルシアでササン朝滅ぶ。
六六一−七五〇年　ダマスコスに拠点をおくウマイヤ朝カリフ制。
七五〇年以降　バグダッドに拠点をおくアッバース朝カリフ制。
七五〇年ごろ　ダマスコスのイオアンネス死去。
八〇〇年　シャルルマーニュ（カール大帝）の戴冠。

謝辞

ご協力いただいた以下のみなさんに感謝の言葉を伝えます。古代末期学会、オックスフォード大学古代末期研究センター、それにイングランド南西部およびウェールズ地方ネットワーク（ブリストル、エクセター、カーディフ、スウォンジー各大学の古代末期研究者からなる研究会）の友人と同僚へ。また、『歴史家のための史料翻訳集――後三〇〇年–八〇〇年』（*TTH* = *Translated Texts for Historians; 300-800*, Liverpool University Press）と『オックスフォード初期キリスト教研究シリーズ』（OECS = Oxford Early Christian Studies, Oxford University Press monograph series）の著者と共同編集者、それにオックスフォード大学出版会の読者へ。みなさんは学ぶべきことがどんなにたくさんあるか、この短い入門書でどれだけのことができるかを教えてくれました。

訳者あとがき

「すると、日本というのは古代末期国家ということになるね。」
まだ暑い九月の初め、何人かの外国人西洋古代史研究者の方々を奈良にご案内する機会があったが、そのなかのおひとりが、ふとこんな言葉を口にされた。

考えたこともなかったが、言われてみれば確かにそうなのかもしれない。西洋史研究の上で近年古代末期と呼ばれることが多くなった時代とほぼ同時期を通じて、日本は初めて歴史上にその明確な姿を現した。しかも、ただ時期が一致しているだけでなく、どうやらユーラシア大陸の西と東で連動する大きな変動のなかで姿を現したように思われる。日本史の慣例ではここで成立した国家が古代国家で、古代末期はもっと後の時代になるのだが、その内実を考えると、確かにある歴史的側面が言い当てられている気がする。

西洋の古代末期などと言っても、あまりぴんと来ない方も多いかもしれない。しかし、漫画や映画の『テルマエ・ロマエ』の時代から『千夜一夜物語』の時代までの話だと言えば、なんとなくイメージしていただけるだろうか。ハドリアヌス帝がローマを統治していたころ、日本は弥生時代で、まだ多くの部族に分かれて互いに争っていた。しかしハルン＝アッラシード王がバグダッドを治めるころまでには、日本には唐の影響下に律令国家が確立していた。その間数百年の国家形成の道のりが、西洋史上の古代末期と時期的にぴったりと重なっているのである。そして、おそらくそれは偶然ではない。

東アジア世界で秦漢帝国が崩壊し、魏晋南北朝の分裂の時代を経て隋唐世界帝国が誕生する時期に、日本はその周辺世界で誕生したが、ヒンズークシ山脈の西方でも同様の事態が進行していた。ローマ帝国の解体と民族移動、アラブ・イスラームの帝国建設がそれである。東方で仏教が広まったように、西方ではキリスト教とイスラームが支配的となった。

もちろん違いも大きい。西方では同じ帝国といっても支配領域がずいぶんとずれている。ローマ帝国が地中海世界とその周辺地域を支配したのに対し、イスラーム帝国はその領域外で誕生した。地中海南岸から中央アジアまで、ローマより広大な領土を支配したものの、地中海の北岸はこの帝国に飲み込まれずその周辺世界を形成し、そこに西欧世界が誕生し、ビザンツ帝国と呼びうる新しい形態となったローマ帝国も生き延びていく。

また、それまでの伝統的な神々はキリスト教やイスラームの支配下では、聖人信仰や慣習的儀礼に形を変えて生き延びたとはいえ、少なくとも表面上は追放されていく。これは土着宗教と併存しながら拡大した仏教との大きな相違であろう。

しかし、西暦二世紀ごろから八世紀ごろまでユーラシア大陸の東と西、それにアフリカ大陸北部も含めて、相互に連動する大きな長期的変化が生じ、日本もまたそのなかで姿を現したのは確かである。西洋史上の古代末期とは、この大きな変動の西方部分を考察対象として構想されてきたが、最近ではイスラームの誕生はもちろん、中国まで視野に入れ始めた。これに応じて、アジアの研究者の側から、日本列島や朝鮮半島、東南アジアの歴史も視野に入れた、研究上の相互対話が提唱されると実りあるものとなるかもしれない。

さて、アジアから見た古代末期の歴史の構想は将来の可能性としてしばらくおくとして、近年注目されているという、その西洋史上の古代末期とは、どのような時代であったのか、より正確にはどのような時代として認識されてきたのだろうか。ここに翻訳した本書は、現時点でそれを知る最適の入門書であろう。

本書はイギリスのブリストル大学、ジリアン・クラーク名誉教授による *Late Antiquity: A Very Short Introduction*（Oxford, 2011）の全訳で、原著はさまざまな学問分野の最前線を学生や一般読者向けにわかりやすく、手短に解説するというシリーズの一冊として書かれた。もちろん、「わかりやすく」と言っても、イギリスと日本では文化的背景が異なるので、本書の内容も必ずしも日本の一般読者にとって理解しやすいとは言えないのだが、現在の古代末期研究を概観的に把握するには最適の著書であることは間違いない。

筆者のクラーク教授は、ブリストルにあるクリフトン女子高等学校を卒業後、オックスフォード大学サマーヴィル・コレッジで学んだ。男子校は二一もあるのに、女子校はわずか五校の時代であったという。その後リヴァプール大学講師を経て郷里ブリストル大学の古代史教授を務め、二〇一〇年に退職して同大学名誉教授となった。教授は『オックスフォード・初期キリスト教研究』、今世紀になって刊行され始めた『古代末期研究誌』（*Journal of Late Antiquity*）の編集者も務め、多方面での活躍が認められて、英国学士院（The British Academy）の現会員である。

教授のおもな著書としては、『古代末期の女性——異教徒とキリスト教徒の生活スタイル』（*Women in Late Antiquity: Pagan and Christian Lifestyle*, Oxford, 1993）、『キリスト教とローマ社会』（*Christianity and Roman Society*, Cambridge, 2004）、『身体とジェンダー——古代末期における魂と理性』（*Body and Gender: Soul and Reason in Late Antiquity*, Surrey, UK, 2011）などがあり、現在アウグスティヌスの母モニカに関する著書を準備されているという。その学風は、控えめで慎重な筆遣いで斬新な内容を述べるところにあると言えるであろうか。本書でもその特徴は遺憾なく発揮されているように思われる。

その研究基軸はアウグスティヌスにあるが、それを出発点に新プラトン主義哲学の研究、古代末期における古典文学とキリスト教の関係、古代末期の女性史、ローマ帝国のキリスト教化、それに本書にも見られるようにローマ帝国と蛮族との関係など、古代末期のあらゆる方面に関心を広げ、現在の英語圏における指導的古代末期研究者のひとりとして不動の地位を占めるようになってすでに久しい。

著者は、冒頭「古代末期とは、ローマの没落と存続の双方を経験した時代である」と切り出す。上述のように西洋における古代末期研究は、今日イスラームや中央アジア、中国にまで視野を広げようとしているのだが、まずはローマ帝国をベースとし、その行く末にかかわる歴史が古代末期の歴史なのだという判断が、同じく、西方では帝国は没落するが東方では存続するということが語られている。続けて、西方ではこのローマの故地に中世ヨーロッパが「蛮族」諸王国から形成され、一方東方ではビザンツ帝国としてローマ帝国が多くの領土喪失にもかかわらず存続していくとされる。しかし、本書はこの「没落」と「存続」をめぐる議論には収斂せず、さらに多方面に展開していく。

すなわち、「古代末期はキリスト教とイスラームという新しい二つの宗教が台頭して、ローマの旧領土に衝撃を与えた」時代であり、またローマ法やユダヤ教のタルムード、キリスト教の聖書正典が編纂された時代であり、またその際古典文学や哲学などの古い伝統が生かされ、シリア語やアラビア語への古典文学の翻訳が行なわれてのちの中世への橋渡しとなっていく時代でもあったとされる。本書の本論においても、これらの古い文化と新しい文化の競合と併存、あるいは融合が多くのページを割いて示されている。

まず地理的範囲をローマ帝国旧領土内と定め、その範囲内の新旧さまざまな文化の競合、併存、融合の様を描く――本書の邦訳名を『古代末期のローマ帝国――多文化の織りなす世界』としたのは、同じ白水社の文庫クセジュからひと足先に二〇一三年に出版されたベルトラン・ランソン著、大清水裕、瀧本みわ訳『古代末期――ローマ世界の変容』(*L'antiquité tardive*, Paris, 1997)との差異を図らないと書店の方がまぎらわしいという楽屋オチでもあるが、まっとうにその内容自体を考えてのことである。

本書の構成もだいたい冒頭の問題提起に即している。第1章「古代末期とは何か、またそれはいつを指すか」ではゴート人による四一〇年ローマ略奪に際してのアウグスティヌスの反応から始まり、エドワード・ギボンの『ローマ帝国衰亡史』に始まるローマ帝国衰亡論とそれへの反論と再批判が触れられる。第2章「帝国の経営」と第3章「法と福祉」は帝国行政の実態を概観し、第4章「宗教」と第5章「救われるために我々は何をなすべきか」では文字通り宗教と心性史的側面が扱われるが、4章はおもにキリスト教の教会を、5章では新プラトン主義者や勝利の女神祭壇撤去をめぐるキリスト教と異教の関係が論じられる。第6章「蛮族について」では、衰亡論の議論とは別に、再度ローマ人と蛮族の関係が論じられ、第7章「青銅の象」では古代末期の教育がおもにカッシオドルスを中心に述べられる。そして、最終第8章「決定的変化は起こったか」では再び古代末期の全体的評価にからむ議論が盛り込まれるが、ここではゲルマン人ではなく、アラブ・イスラームとの関係が議論の中心となっている。

古典文学とキリスト教著作家、とくにアウグスティヌスを専門とする著者ではあるが、帝国行政や法と社会の実態、蛮族とローマ人の関係など、できるだけ偏りなく政治史や軍事史、さらには経済、気候変動の影響にも目配りをし、バランスのよい叙述を心掛けていることがうかがわれる。また、対立する意見は両論併記し、読者自身で学習を進めて判断するよう促している。ただし、どのように公平に扱おうとしても、おのずとその研究者のカラーは出るもので、クラーク教授の場合それはアウグスティヌスである。アウグスティヌスは宗教関係だけでなく、帝国と行政や法と福祉などあらゆる側面で顔を出している。

彼は学生、教師、司教として、推薦や称賛演説など生臭いローマ帝国の社会実態のなかで生き、ゴート人のローマ略奪を機に『神の国』を書き、異教徒と論争し、ヴァンダル人の鬨《とき》の声を聞きつつ生涯を閉じた。彼自身北アフリカの出身でラテン語を母語とせず、後天的にけっして楽しくない教育の中で習得し、その言語で後世に多くの著作を残した。多文化社会の古代末期の生き証人とも言えるであろう。彼に限らず、古代末期には都市ローマやアテナイといった古代文化の中心とされる都市でなく、周辺に生きて文化的活動を行なった人々が輩出する。そして、彼らを介して古典文化は新しい文化と融合して変容しつつ、かつてのローマ帝国旧領土を越えて広がり、西欧、ビザンツ・東欧、イスラームの中世文化の基礎となっていくのである。
今日、西洋古代末期研究には現在さまざまな議論がある。二〇〇五年には、同じイギリスのオックスフォード大学トリニティ・コレッジ教授で、同大学古代末期研究センター長も務めるブライアン・ウォード＝パーキンズ著『ローマ帝国の崩壊――文明が終わるということ』（*The Fall of Rome and the End of Civilization*, Oxford）が出版され、大きな話題を呼んだ。同書は南雲泰輔氏訳で、同じく白水社から二〇一四年に出版されている。同書は私も一書を翻訳したピーター・ブラウン教授に始まる近年の古代末期研究の「楽観的」傾向を戒め、とくに帝国西方における「蛮族」の侵入の破壊の深刻さを再度強調し、文字通り西帝国では五世紀に文明が終わったと結論づけている。

本書で冒頭「古代末期はローマの没落を経験した」と書いているのも、こうした最近の研究動向を容れたものである。第1章二一－二二頁のように、ローマの敗戦と戦争による農地の荒廃、疫病などの打撃の深刻さが述べられている個所などにも、この傾向は反映されている。近年の古代末期研究では、ローマ帝国の「衰亡」Decline and Fall を唱えるギボン以来の伝統を批判してきたので、この冒頭の「没落」Fall 承認は「転向」と言ってよいとの指摘もある。しかし、著者であるクラーク教授自身は、それまでとくに「衰亡」論批判に熱心であったわけでもなく、また思想「転向」して「衰亡」論者となったわけでもない。ここは先述したように著者の慎重な態度から、現在の研究状況を公平に拾い上げようとした結果と見るのが穏当なところであろう。「衰亡」には「存続」が対置され、「衰亡」の起こった西方には中世ヨーロッパが誕生したと続けられている点も読み落とせない。

本書の大きな特徴のひとつは、両論併記して判断は読者に委ねるスタンスで貫かれている点である。しかし、どこにも主張がないかといえば、そうではない。アウグスティヌスがどこにでも顔を出しているように、著者自身の寄せる関心領域を意識して読めば、答えは自ずと明らかとなる。教授の得意分野はクラカトア島の火山噴火や彗星の衝突の影響の分析だろうか。そうではない。都市の縮小を証拠づける考古学からこれまでの古代末期研究を批判的に再検証しようとしているのか。そうでもない。それらの成果も参考としつつ、とくに古典文学や宗教上の史料からわかることがしっかり書かれているのである。

「蛮族」の破壊は大きかったかもしれないが、英語で破壊行為を意味するヴァンダライゼーションという単語の語源となったヴァンダル人は、征服した北アフリカでローマ文化になじみ、庭園や浴場を建設し、競技を楽しんだ。アウグスティヌス死後百年を経て、彼らが東ローマの軍勢に敗北したとき、捕えられたゲリメル王は竪琴で自らの悲運を歌い、連行された首都コンスタンティノープルでは旧約聖書の一節を口にしつつ歩いた（本書二七頁）。

七世紀になると東方でもローマの支配は破綻する。しかし、六四三年の日付の入ったヘラクレオポリスの役人の領収書はギリシア語とアラビア語で書かれ、ギリシア神話の英雄の名を持った都市でキリスト教徒とイスラーム教徒の両方の名前を伝えている（一七四頁）。また、八世紀のイスラーム統治下に生きたダマスコスのイオアンネスの著作が、ビザンツ帝国内の聖画像論争に決定的な影響を及ぼした。彼の祖父は征服前もその後もその地で役人をしていたと言われ、彼自身マンスールというアラビア語名ももって職を得ていた（一七七頁）。

これらの例を挙げるまでもなく、クラーク教授の古代末期観は、最初のアウグスティヌスの

『神の国』からの引用で明らかである。アウグスティヌスは、四一〇年のローマ略奪に際して、「異教徒」側がこれを古来の神々を蔑《ないがし》ろにするキリスト教徒のせいにして非難するのに対して、「異教」のローマ人はキリストのおかげで蛮族に命を助けてもらったではないかと反論し、殉教者聖堂が「異教徒」もキリスト教徒も同じく保護したと述べた。そして、教授はこれが具体例によって示す古代末期社会なのだとしている（一二一―一三頁）。つまり、古代末期とは「蛮族」がキリスト教を受け入れ、伝統を保持するローマ人と共存する、多文化の織りなす世界だったのである。

もちろん、そこには破壊もあり、多くの混乱と矛盾も生じていただろう。近年の古代末期研究に矛盾があったとすれば、ちょうど五胡十六国時代の鮮卑や匈奴が何も略奪せず、漢民族と平和共存する予定調和的な世界を描き出す向きがあったということかもしれない。本書ではそうした側面にも言及する。しかし、同時代の中国で雲崗や敦煌の石窟が築かれ、竹林の七賢が活躍し、陶淵明などの六朝文化が栄えたように、地中海周辺では砂漠の聖人シュメオンなどの初期のキリスト教修道士が活躍し、シルクロードから絹がもたらされ、東西の文物が行き交ったのである。

さて、英語圏から翻訳を重ねることの意味を少し書いておきたい。前出の『古代末期――ローマ世界の変容』の「訳者あとがき」では、訳者の大清水氏が英語圏の、とくにピーター・ブラウン教授のみに焦点の当てられる日本での古代末期研究の「流行」に「違和感」と「危機感」を抱いてその翻訳に臨んだと書かれている。

これについては、フランス語圏にとどまらず、ドイツ語圏、イタリア語圏、それに東欧圏や可能なら中国語圏での古代末期研究受容のされ方なども知りたいところである。ランソン教授の

『古代末期』は内容も平易であり、古代末期を複眼的な視点で理解するためにも、本書ともどもお勧めできる。ブラウン教授の著書を翻訳した私が、この「違和感」を共有していたと言えば驚かれるであろうか。

もっと驚くことを書くならば、ブラウン教授自身に来日時、「ほかの言語圏で古代末期研究を進めた優れた研究者はだれですか」と質問すると、フランス語圏ならH・マルー、それからイタリア語圏ならマッツァリーノと、さきの「あとがき」で書かれた通りの名を挙げられた。また、教授は日本での講演会後の質疑応答においては、英語だけでなくほかにフランス語、ドイツ語、イタリア語でもよい（ただ、日本語は少ししか知らないので駄目）とのことで、じっさいにそれで応答されていた。教授自身は自分ひとりだけで古代末期史が語られることは望んでおらず、また英語圏を越えた広がりのなかで古代末期を構想されてきた。たとえば、フランスのアナール学派の大きなシリーズである『私生活史』でも古代末期を担当し、フランス語圏ならポール・ヴェーヌやパトラジャンとの学問的相互関係、それに大著 ***Body and Society*** 執筆にあたってはミシェル・フーコーの講演の影響を記されていることも見逃せない。

翻訳のひとつを担った私も英語だけを読めばいいとも、ブラウン教授だけで古代末期研究は事足れりとも考えていない。自身が長く研究対象としてきた女性聖人テクラの史料との出会いは、日本語訳のある聖書外典『パウロとテクラの行伝』ではなく、英語の研究文献でもなく、フランスの代表的なビザンツ学者であるジルベール・ダグロン教授翻訳の五世紀の史料、『聖テクラの生涯と奇蹟』（*Vie et miracles de Sainte Thècle*, Bruxelles, 1978）である。また、ビザンツ美術史の辻佐保子教授には公私にわたって助けられた記憶があり、古代末期研究に関しても、その貴重な著書

『古典世界からキリスト教世界へ』（岩波書店、一九八二年）を——あまり生かすことができていないことが申し訳ないのだが——こちらからのたっての希望でいただいている。

では、あらためて英語圏から屋上屋を重ねるごとく翻訳を試みる必要はどこにあるのだろうか。私は大清水氏とは別の危機感から、その必要が「ある」と常々感じてきた。それはブラウン教授の著作が少し訳されただけで「もう十分」といった雰囲気になってしまったことである。「流行」というが、じっさいにはその主著の多くはまだ訳されないか、かなり変更した抄訳の形でしか読めないのが現状である。ましてほかの古代末期研究者に至っては、フランス語圏以前に英語圏についてもよく知られてはいない。ウォード＝パーキンズ教授の前掲書が現れたにしても、そこで批判されているアコモデーション理論などは、同書で初めて知る人が大半だろう。

この三十年あまり、英語圏だけでも洪水のような出版ラッシュが続き、しかも量だけでなく、質的にも高い著作があいついでいるにもかかわらず、翻訳どころか紹介もできないまま流れる月日を眺めるのはなんとも歯痒く、毎年のように数多くの海外の古代史、中世史研究者が招聘されるなか、古代末期研究者の姿を見かけることはほとんどなく、己の非力さを慨嘆してきた。とくに、ブラウン教授の七〇年代の研究以後急速に独自の発展を遂げたアメリカの研究者との接点が、我が国ではないに等しいようにさえ思える。

私自身はあまり在外研究の機会に恵まれなかったが、それでも折を見て国際学会の見学に出かけた。雰囲気だけでもつかもうと思ったからである。とくにアメリカで古代末期専門の学会シフティング・フロンティアーズができると知って、一九九〇年代の後半からときどき顔を出した。向こうからすれば正体不明の異世界からの闖入者に過ぎなかったであろうが、まだ若くて新しく、誰でも参加できる開放的な雰囲気が印象的で、クラーク教授と面識を得たのも、イギリスではなく、アメリカのこの学会においてである。

ブラウン教授はあえて来場せず、ラルフ・マティスン教授などを中心に運営されていたが、クラーク教授もそのひとりで、すでに別格扱いというべきか、話されるときは基調講演にあたる全体スピーチが多かった。しかし、それでも前述のような学会の雰囲気だったので、私などでもすぐに話す機会が得られたのである。したがって、ここで訳すのは、単にイギリス人研究者の著作というにとどまらず、アメリカの古代末期研究者や読者、さらにオーストラリアやニュージーランドでも読まれている著作と考えている。もしかしたら、インドやアフリカで原著を読んでいる人もあるのかもしれない。

正直なところ、我が国では西洋史の「本場」ヨーロッパの研究に比べ、アメリカの研究についてはどこか低く見られているのではないか。しかし、同じく「本場」でない日本の研究者にとっては、遠く離れた場所の歴史を探求するという共通点から学ぶべき点は多いはずで、これはオセアニア地域での研究にもあてはまる。

最後に、訳者なりに少し考えることを書いておきたい。これまでの古代末期研究には、たしかに予定調和的な側面があったのかもしれない。しかし、後漢帝国の衰微や華北の荒廃と大量の流民流出の惨状をどんなに語っても、誰もそれを「文明の衰亡」と形容しないのに対し、ローマの支配した地中海世界においては、少しでも何か縮小や荒廃が見られると、時代や地域が遠く離れていても、すべて「衰亡」にまとめ上げられてしまう伝統が長く続いてきたのではなかったか。

中国では数百年後に隋唐による統一帝国が成立するのに対して、地中海世界は再度統一されることがなかったこと、さらに分裂した地中海の南岸を支配したイスラーム勢力が以前は「サラセン」などと呼ばれて「蛮族」「文明の破壊者」扱いされ、バルカン・小アジア地域にはビザンツ帝国が生き残ったものの、その価値もあまり認められず、もっぱら西北部を基準に判断されてきたことが背景としては大きいのだろう。

しかし現在では、イスラームはローマとササン朝の文化を融合させて、ヨーロッパに先行して華やかな中世文化を開幕させたという見方が一般的であるし、ビザンツについても以前のような退廃的イメージで捉えられることは少なくなった。

西北部についても、ただ破壊のみがあったのでなく、本書にもあるように、そこは西ヨーロッパが誕生していく舞台となるのであるし、東ゴートやヴァンダル、それに本書ではあまり触れられない西ゴート王国のように、古代末期だけで消えていく諸王国も独自の発展があったことは、近年の研究が示し始めている。

物質的指標への観点の変更も必要だ。たとえば、訳者が関心を寄せる小アジア南東部のイサウリア地方と呼ばれる山岳地帯は、最近の考古学的研究によれば従来考えられていたよりもずっと生活水準が低く、貧しかったという。訳者などは「貧しい」という単語を聞いたとたん「衰亡」や破滅を連想して身構えてしまのだが、これは早計である。地中海地域の考古学では伝統的に石造の城壁や公共建造物、教会などが指標となってきた。また、オリーブ油や葡萄酒などの遠隔地交易に使用される、大型の洗練された土器を中心に考察されてきた。しかし、考古学が発達して、だんだんと細かいことがわかってくると、都市周辺の住民は半農半放牧の生活で、毛皮や穀物などをやり取りし、粗末な土器に依存し、そうした生活が都市内部でも基底を成していたことがわかってくる。それは弱点ではなくて、むしろうわべの豊かさが剝ぎ取られても継続する地域社会の弾力性、周囲の環境への適合力となるのだという説明も出てくるのである。

巨大な水道橋と道路網で結ばれた帝国の行く末に目を凝らすことは、それはそれで重要なことである。現代なら国家としてどのように電力供給網を維持するかという問題もある。しかし、発想を逆にして、独居老人宅一軒にどういう電力供給が可能かを考えるニュースを見たとき、「古代末期だ」と感じた。古代末期研究とは、そうした発想によって歴史を眺める学問だと、個人的には思っている。壊れた水道橋のたもとの川で洗濯する人が、ふと顔を挙げて楽し気に笑っていたら、何か違和感があるだろうか。もしそういう人が多いなら、まだ「メランコリック」病の蔓延は収束していないのである。

本書に立ち返って考えると、著者の慎重な姿勢から、古代末期の地理的範囲はローマの旧領土に限定されている。イスラームとキリスト教の共存などの事例もエジプトやシリアなど地中海地域からのものである。しかし、ブラウン教授の元来の構想は西アジアのササン朝も含めたものであったし、ライン・ドナウの北方地域での社会や文化の変容、それに現在ではサハラ地域のアフリカの影響も入れるとさらに内容豊かな古代末期像となったかもしれない。ただし、それはいささかないものねだりというものであろう。アウグスティヌスの著作を出発点に古代末期の社会や文化を照射する狙いは、過不足なく十分に果たされている。あまり紹介できなかったが、女性史、ジェンダー史的観点からの記述も、控えめながら重要な部分として入れられている。

本書では、原本にはない典拠を引用文に付した。読者の方に少しでも役立てばと思ったからだが、出典なしの状態から原典を割り出すのは――少なくとも訳者には――難渋を極めた。アウグスティヌスからの引用のいくつかは岡山大学教授出村和彦氏にご教示いただいた。お礼申し上げる。一部の出典は著者クラーク教授に直接お聞きしたが、快くご教示いただいた。引用史料の訳文は定訳のあるものはそれを使い、ほかは著者の英文から訳して原典を示す形とした。

末尾となったが、本書の刊行でお礼を言うべきは我慢強く編集の仕事にあたってくれた糟谷泰子氏である。もちろん、何か勘違いや誤りがあればそれはすべて訳者である私の責任である。

長い「あとがき」を付してしまったが、読者の方は本書から考えるヒントをそれぞれで導き出し、古代末期に関するご自身の考えを発展させていただきたい。著者の言うように、「すべては、何を、どこに、いつ求めるかによる」のであり、古代末期像はまだまだこれからも、そうしたみなさんの意見も容れて「変容」してくことだろう。

二〇一四年十二月二十日　南茨木にて

訳者　足立広明

白水社の本

ローマ帝国の崩壊
——文明が終わるということ

ブライアン・ウォード＝パーキンズ
南雲泰輔訳

ローマ帝国末期にゲルマン民族が侵入してきたとき、ローマ社会や経済に何が起き、人々の暮らしはどう変化したのか。史学・考古学双方の研究を駆使して描く、激動の時代の実態。

古代末期
——ローマ世界の変容

ベルトラン・ランソン
大清水裕、瀧本みわ訳

三〜六世紀の地中海世界（末期ローマ帝国）を衰退期とみなすのではなく、新たな社会が生まれた時代としてとらえている。古代から中世への変遷を行政、宗教など多角的に叙述。［文庫クセジュ］

コンスタンティヌス
——その生涯と治世

ベルトラン・ランソン
大清水裕訳

キリスト教を認め、自ら信徒となった初のローマ皇帝。キリスト教信仰が前面に出る傾向があるが、新都創建につながる多くの建設事業を手掛けるなど皇帝としての施策の評価も記述。［文庫クセジュ］

メロヴィング朝

レジーヌ・ル・ジャン
加納修訳

メロヴィング朝（四八一〜七五一年）は、フランク族を統一したクローヴィスにより開かれた。本書は、その政治史、キリスト教の浸透の様子、家族や親族関係の独自のあり方を解説。［文庫クセジュ］

訳者略歴
一九五八年生まれ
奈良大学文学部教授（専門は初期ビザンツ、西洋古代末期史）
主要訳書
ピーター・ブラウン『古代末期の形成』（慶應義塾大学出版会）
ジュディス・ヘリン『ビザンツ　驚くべき中世帝国』（白水社、共訳）

古代末期のローマ帝国
多文化の織りなす世界

二〇一五年二月二五日　第一刷発行
二〇一五年四月二五日　第二刷発行

著者　ジリアン・クラーク
訳者©足《あ》立《だち》広《ひろ》明《あき》
発行者　及川直志
印刷所　株式会社理想社
発行所　株式会社白水社
東京都千代田区神田小川町三の二四
電話　営業部〇三（三二九一）七八一一
編集部〇三（三二九一）七八二一
振替　〇〇一九〇-五-三三二二八
郵便番号　一〇一-〇〇五二
http://www.hakusuisha.co.jp
乱丁・落丁本は、送料小社負担にてお取り替えいたします。

株式会社松岳社

ISBN978-4-560-08409-0
Printed in Japan

索引

あ行

か行

さ行

た行

な行

は行

ま行

や行

ら行

わ行

文献案内——古代末期をさらに深く探求したい方へ

古代末期とは何で、いつをさすのか。ここに挙げた諸著作で扱う年代には幅があり、それは著者や出版社の間でさまざまに見解が異なることを示している。

Peter Brown, *The World of Late Antiquity: From Marcus Aurelius to Muhammad* (London, 1971).〔ピーター・ブラウン『古代末期の世界——ローマ帝国はなぜキリスト教化したか？』（刀水歴史全書58）、宮島直機訳、刀水書房、2002年。ただし、抄訳、意訳の部分が多い。〕

本書は一世代にわたって大きな影響力を及ぼした。図版と本文の絶妙なコンビネーションによって、「衰亡」は文化変容に置き換えられた。マルクス・アウレリウスは二世紀の皇帝であり、ムハンマドは七世紀初頭に生きた人物である。出版社はおそらくマルクスのMとムハンマドのMで頭韻を踏ませたかったのだろうが、著者は八世紀末のバグダッドのハルン＝アッラシードまで話を進めている。

Peter Brown, *The Rise of Western Christendom*, 2nd edn. (Oxford, 2003).

前掲書よりさらに広い範囲を扱う。時代的には200年から1000年、地理的にはスカンジナヴィアからメソポタミアまでをカバーし、西ヨーロッパの物語と東方キリスト教とを結び付けている。ブラウンは改訂版への序文の中で、蛮族やヨーロッパの一体性、それに地中海で物品や思想の交換が継続していたかに関する議論について、その背景説明を行なっている。

Averil Cameron, *The Later Roman Empire* (London, 1993).

西暦後284-430年の歴史と文化に対する簡潔な入門書で、ディオクレティアヌス帝から、五世紀初頭における帝国のラテン語圏とギリシア語圏への分裂までを扱っている。同著者の姉妹編に *The Mediterranean World in Late Antiquity* (London, 1993) があり、こちらは五世紀から六世紀、とくに後395-600年をカバーしている。同じく *Byzantinens* (Oxford, 2010) は、

ビザンツとビザンツ社会についての考察と、コンスタンティノープルの創建から1453年に陥落するまでのあらましを提供するものである。

A.H.M. Jones, *The Later Roman Empire 284-602: A Socal, Economic and Administrative Survey,* 2vols (Oxford,1964).

親しみを込めて「ローマ帝国に関するジョーンズ報告書」として知られている本書は、帝国のシステムがどう働いたかについての情報を得るにはもってこいである。本書はディオクレティアヌスから始まり、ペルシアとアラブの侵入によって東帝国が領土を侵略される直前の、マウリキオス帝の死で終わっている。

近年、戦争や政治を詳しく論ずる、伝統的なナラティヴ・ヒストリーへの回帰が見られる。社会的、経済的、知的な要因は、ナラティヴな叙述でなければ検証できないという一般論によるものである。いい例が二つある。ひとつはPeter Heather, *The Fall of the Roman Empire: A New History* (London, 2005) で、おもに西方を扱っている。もうひとつはSteven Mitchell, *A History of the Later Roman Empire AD 284-641* (Oxford, 2007) で、ディオクレティアヌスからヘラクレイオスまでを扱っている。こちらは東帝国についてとくに有益である。

社会史では次の著作がある。Peter Garnsey and Caroline Hunfress, *The Late Antique World,* 2nd edn. (Cambridge, 2009). 本書は三世紀から五世紀を扱い、法と行政にとくに強いが、宗教や道徳、食料供給や貧者の救済も含まれている。

レファレンス図書

***Late Antiquity: A Guide to the Postclassical World,* ed. Glen Bowersock, Peter Brown, and Oleg Grabar (Harvard, 1999).**

本書は250年から800年までを扱った選択的百科事典とでも形容すべき本で、通常の百科事典では許されないような、たいへん長い、しかし示唆に富むまえがきがある。導入部分のエッセーは、別の図書として提供されている。*Interpretating Late Antiquity: Essays on the Postclassical World* (2001).

Philip Rousseau (ed.), *A Companion to Late Antiquity* (Chichester, 2009).

古代末期全般に関する専門家によるエッセー集。

***The Cambridge Ancient History*—（古代史全集）**

発行時点での古代史に関する学界的に認められた概観を、政治、軍事、文化、宗教の各分野の歴史にわたって述べたものである。古代末期に関しては、このうち三巻が関連する。*The Crisis of Empire: AD192-337* (vol. 12, 2005), edited by Alan Bowman, Peter Garnsey, and Averil Cameron; *The Late Empire: AD 337-425* (vol.13, 1997), edited by Averil Cameron and Peter Garnsey; *Late Antiquity: Empire and Successors AD 425-600* (vol.14, 2001), edited by Averil Cameron, Bryan Ward-Perkins, and Michael Whitby. 次の中世史の全集の一巻と多少内容が重なっている。*The New Cambridge Medieval History*, vol.1: *AD c.500-c.700*, edited by Paul Fouracre (2005).

***The Oxford History of Byzantium*, edited by Cyril Mango (2002).**

306年コンスタンティヌス登位から1453年のコンスタンティノープル陥落までの時代範囲を扱う。

***The Oxford Classical Dictionary*, 4th edn. (2010).**

古代末期関連項目を多数含む。ほかに次の事典が準備されている。*An Oxford Dictionary of Late Antiquity*, edited by Oliver Nicholson.

史料

Michael Maas, *Reading in Late Antiquity*, revised edn. (2009).

三世紀から八世紀までの非常に幅広い範囲の題材を提供する。初期イスラーム史料も含み、地図も有益。

A.D. Lee, *Pagans and Christians in Late Antiquity: A Sourcebook* (2000).

説明付きで新しい、よい翻訳を提供している。題材はほぼ四世紀のものである。

***Translated Texts for Historians 300-800* (Liverpool).**

シリーズ出版物で、注釈付きの学術的な翻訳を提供している。現在のところ、ギリシア語、ラテン語、シリア語、コプト語、古アイルランド語、アルメニア語、グルジア語、アラビア語のテキストが訳され、史料の種類としては年代記や歴史叙述から教会会議記録、書簡集、政治上の著作、聖人伝などに及んでいる。

アンミアヌス

選集がある。Translated by Walter Hamilton, *The Later Roman Empire* (AD 354-378) with notes by Andrew Wallace-Hadrill (Harmondsworth, 1996); さらに次の書を参照のこと。John Matthews, *The Roman Empire of Ammianus*,

revised edn. (Ann Arbor, 2007).
プロコピオス
The Secret History, translated by G. A. Williamson (Harmondsworth, 1966). さらに次の書を参照のこと。Averil Cameron, *Procopius* (London, 1985).
帝国運営に関して
Christpher Kelly, *Ruling the Later Roman Empire* (Cambridge, 2004). 古代末期の民事行政の伝統について議論し、報酬と縁故が用いられたことは「腐敗」ではなく、帝国の業務を行なうための現実的な手段であったと示唆している。
Jill Harries, *Law and Empire in Late Antiquity* (Oxford, 1999).
いかに法が作用したかを説明し、また古代末期の官僚に挑戦する「批判の文化」を強調する。
John Matthews, *Laying Down the Law* (Yale, 2000).
テオドシウス法典形成に関する研究。

軍事史

A.D. Lee, *War in Late Antiquity* (Blackwell, 2007).
社会史研究のひとつ。古代末期の戦争に対する態度を探求し、軍事力行使に対するキリスト教徒の議論や、戦争の経済的インパクトと軍隊の維持費、それに兵士とその家族の社会関係といったテーマを含んでいる。
***The Cambridge History of Greek and Roman Warfare,* vol.2 (2008), edited by Philip Sabin, Hans Van Wees, and Michael Whitby.**
より伝統的な軍事史を提供している。

皇帝たちについて

H. A. Drake, *Constantine and the Bishops* (Baltimore, 2000).
コンスタンティヌスとその現実主義的な政治。
Shaun Tougher, *Julian the Apostate* (Edinburgh, 2007).
Michael Maas, (ed.), *Cambridge Companion to the Age of Justinian* (Cambridge, 2005).

司教たちについて

アウグスティヌスに関しては、同じVery Short Introductionシリーズから一巻が出ている。同第38巻。*Augustine*, by Henry Chadwick (Oxford, 2001, originally 1986). また、ピーター・ブラウンの次の書物は、アウグスティヌスをその社会的、知的文脈の中で語る優れた叙述である。Peter Brown, *Augustine of Hippo*, revised edn. (London, 2000).〔ピーター・ブラウン『アウグスティヌス伝』(上下) 出村和彦訳、教文館、2004年〕そのほかの重要な司教（主教）については次のような研究がある。Philip Rousseau, *Basil of Caesarea* (Berkeley, CA, 1994); Neil MacLynn, *Ambrose of Milan* (Berkeley, CA, 1994); and Dennis Trout, *Paulinus of Nola* (Berkeley, CA, 1999). いずれもピーター・ブラウン編集の*Transformation of the Classical Heritage* シリーズに収められている。また、イオアンネス・クリュソストモスについては次の書がある。J. N. D. Kelly, *Golden Mouth: The Story of John Chrysostom* (London, 1995). 司教ではないが、重要な著作家であるヒエロニムスについても同著者による研究がある。J. N. D. Kelly, *Jerome* (London, 1975). また、次の書を参照のこと。Stefan Rebenich, *Jerome* (London, 2002).

蛮族、ローマの没落、「暗黒時代」について

Bryan Ward-Perkins, *The Fall of Rome and the End of Civilization* (Oxford, 2005).

蛮族の野蛮な活動と、生活の質の急落に対する生き生きとした議論を、とくに帝国西側について提供する〔ブライアン・ウォード=パーキンズ『ローマ帝国の崩壊――文明が終わるということ』南雲泰輔訳、白水社、2014年〕。

Christpher Kelly, *Attila the Hun: Barbarian Terror and the Fall of the Roman Empire* (London, 2009).

'Attila the Gangster' という表現を用いている。

Wolf Liebeschuetz, *The Decline and Fall of the Roman City* (Oxford, 2001).

西方、東方の文献史料と物的証拠から考察した研究。

Andy Merrils and Richard Miles, *The Vandals* (Chichester, 2010).

破壊者であり、かつ誇り高き蛮族としてのヴァンダル人についての文献史料と考古学、それに解釈を併せ提供する。

James J. O'Donnell, *The Ruins of the Roman Empire* (New York, 2008).

とくにテオドリクスとカッシオドルス、ユスティニアヌスに関心を寄せ

る。

ゴート語聖書　http://www.wulfila.

2010年9月15日からアクセス可。

ポスト・ローマ期のヨーロッパと「暗黒時代」へのさまざまな挑戦について

Julia Smith, *Europe after Rome: A New Cultural History 500-1000* (Oxford, 2005); Chris Wickham, *Framing the Early Middle Ages: Europe and the Mediterranean 400-800* (Oxford, 2005).

宗教に関して

Peter Brown, *The Body and Society* (New York, 1988).

禁欲主義を通じて、人々は男性、女性ともに社会の苛酷な競争から離れて、その生を甦らせたと論じた。改訂版（New York, 2008）への序文では、この議論は身体に対する論争の文脈のなかに置かれている。

Gillian Clark, *Christianity and Roman Society* (Cambridge, 2004).

大変大きな主題に対するかなり短い手引書。

Sidney H. Griffith, *The Church in the Shadow of the Mosque: Christians and Muslims in the World of Islam* (Princeton, NJ, 2008).

Robert Hoyland, *Seeing Islam as Others Saw It: A Survey and Evaluation of Christian, Jewish and Zoroastrian Writings on Early Islam* (Princeton, NJ, 1997).

Robert Markus, *The End of Ancient Christianity* (Cambridge, 1990).

キリスト教徒のアイデンティティと世俗的アイデンティティに関する多くの議論を促進した。

Stephen Mitchell and Peter Van Nuffelen (eds.), *One God* (Cambridge, 2010).

「異教の一神教」に関するエッセー集。

Tessa Rajak, *The Jewish Dialogue with Greece and Rome* (Boston, MA, 2002).

宗教と文化の相互作用に関する論文集。

Seth Schwartz, *Imperialism and Jewish Society, 200 BCE to 640 CE* (Princeton, NJ, 2004).

Richard Valantasis (ed.), *Religions of Late Antiquity in Practice* (Princeton, NJ, 2000).

マニ教や哲学的一神教を含むすべての主要な宗教運動からの史料集。

文学と美術

Michael Roberts, *The Jeweled Style: Poetry and Poetics in Late Antiquity* (Cornell,

1989); Jas Elsner, *Imperial Rome and Christian Triumph* (Oxford, 1998). イコンに関しては次の研究を参照のこと。Robin Cormack, *Writing in Gold* (London, 1985).

図版一覧

地図

紀元後400年ごろのローマ世界　Created by Paul Simmons and reproduced from Bryan Ward-Perkins, *The Fall of Rome and the End of Civilization* (Oxford University Press, 2005)

写真

1　ローマの強敵。捕虜となったウァレリアヌス帝がササン朝ペルシアの王シャープール一世の前でひざまずいている。三世紀末。© Ali Ganjei/Wikimedia Commons

2　皇帝とその官僚、臣民。コンスタンティヌスの凱旋門、ローマ。© William Storage and Laura Maish

3　官僚たちの上に描かれた皇帝。儀式で用いられた銀の皿。四世紀末。© Visipix.com

4　競技を観戦する皇帝。コンスタンティノープルに運ばれたエジプトのオベリスクの台座浮彫。四世紀末。© Georges Jansoone/Wikimedia Commons

5　シナイ山写本の1.ページ。聖書の完全なギリシア語テキストのひとつである。© The British Library Board

6　殉教者聖人。おそらく聖ラウレンティウスと思われ、本箱とともに描かれている。© Oratorio di Galla Placidia, Ravenna/Giraudon/The Bridgeman Art Library

7　サンタ・コスタンツァ教会のバシリカ、ローマ。巨大な建築物だが、光に満ち溢れている。© seiner+seiner/Wikimedia Commons

8　あの世を凝視する哲学者。New York University Excavations at Aphrodisias

9　聖シュメオンと彼の柱に蛇となって巻き付いた悪魔。© Louvre Museume/Gianni Dagli Orti/The Art Archive

10　修辞家で官僚のシュンマクスの昇天。© The Trustees of the British Museum

11　美術は神学を運ぶ。金とガラスの容器受け皿。結婚したカップルと英雄ヘラクレスを示す。© The Trustees of the British Museum
12　美術は神学を運ぶ。イサクの犠牲。ユニウス・バッススの石棺から。© William Storage and Laura Maish
13　野蛮な芸術か。ユニウス・バッススのバシリカの大理石パネルの壁画。ローマ。© Jastrow/Wikimedia Commons
14　蛮族芸術――銀の器の取っ手。イングランド東部サフォークで発見された埋蔵物から。© The Trustees of the British Museum
15　聖カテリナ修道院、シナイ半島。アラブ人の侵入に対して城塞化されている。© Joonas Plaan/ Wikimedia Commons

引用典拠（訳者による）

原著で引用された史料のうち、邦訳の全集、史料集に収録され、本書で引用、参照したものの書名を挙げる。ほかに紀要などで優れた訳が出ているものもあろうが、ここでは引用を控えさせていただいた。それらのなかでも、とくに『法政史学』および『立教史学』に多年にわたって掲載されてきたテオドシウス法典研究会の手になる同法典訳は重要である。邦訳のないものについては原史料名を慣例に従って訳し、本文引用文末に付した。

本書該当ページと邦訳典拠

12－13　アウグスティヌス『神の国』第1巻第1章：赤木善光、泉治典訳、『アウグスティヌス著作集』第11巻、教文館、1980年。

26　『神の国』第5巻第15章：赤木善光、金子晴勇訳、同著作集第11巻。

36　アウグスティヌス『告白』：宮谷宣史訳、同著作集第5巻Ⅰ、1993年。

50　「ディオクレティアヌスの最高価格令」：後藤篤子訳『西洋古代史料集』第２版、東京大学出版会、2002年。

60　「アントニヌス勅法」（本書では抄訳の形で紹介されており、前後の文のつながりなどを考慮してあえて既訳に置き換えず、その英文に従った。原史料邦訳は『西洋古代史料集』に本村凌二訳で収録されている）。

65－66　アウグスティヌス『アカデミア派駁論』第1巻第2章：（同じく抄訳の形であるため、原著英文に従った。参照はアウグスティヌス『アカデミア派駁論』青木正照訳、同著作集第1巻『初期哲学論集』1、1979年）。

98　アウグスティヌス『書簡』16：金子晴勇訳、同著作集別巻Ⅰ，2013年。

120　シュンマクス「ウィクトリア女神祭壇論争」：後藤篤子訳『西洋古代史料集』第2版。

138　ウェルギリウス『アエネーイス』：岡道男、高橋宏幸訳『西洋古典叢書』第Ⅱ期第10回配本、京都大学学術出版会、2001年。